THÈSE

POUR

LE DOCTORAT

PRÉSENTÉE

PAR

MARIE-RAYMOND PANSIER

Avocat à la Cour impériale de Nimes.

NIMES

TYPOGRAPHIE BALLIVET,

PLACE DU MARCHÉ, 12.

1857

FACULTÉ DE DROIT D'AIX.

THÈSE

POUR

LE DOCTORAT

PRÉSENTÉE

PAR

MARIE-RAYMOND PANSIER

Avocat à la Cour impériale de Nîmes.

L'acte public sur les matières ci-après sera soutenu dans la grande salle de la Faculté, le 8 août 1857, à sept heures du matin.

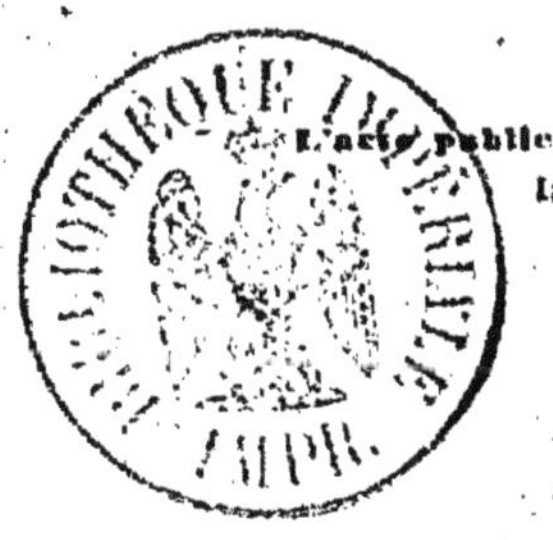

NIMES

TYPOGRAPHIE BALLIVET,
PLACE DU MARCHÉ, 12.

1857

PREMIÈRE PARTIE

DROIT ROMAIN

DES FIDÉICOMMIS UNIVERSELS.

Les lois romaines avaient déterminé d'une manière claire et précise les dispositions qu'elles autorisaient de la part de ceux qui voulaient transmettre leurs biens à des héritiers. Les modes de disposer, la quotité que l'on avait le droit de donner, les personnes que l'on pouvait gratifier de cette quotité, celles auxquelles il était permis de tester, tout cela avait été nettement établi. Mais les lois avaient paru rigoureuses, et un grand nombre de personnes avaient cherché à transmettre leur succession d'après leur volonté propre, sans tenir compte des prescriptions du législateur, et en évitant les restrictions qui avaient été apportées à la faculté de disposer en faveur de certaines classes d'individus. On imagina alors de parvenir au résultat que l'on désirait atteindre d'une manière détournée, *oblique*, comme disent les commentateurs ; on instituait un héritier, mais, en même temps, on le priait de rendre à un autre les biens qu'on lui donnait. Celui que l'on instituait était appelé héritier fiduciaire, celui auquel devait transmettre ce dernier prenait le nom d'héritier fidéicommissaire. La disposition par laquelle s'opérait cette transmission était un fidéicommis.

Cette manière de disposer avait été créée pour faire passer les biens aux personnes que la loi déclarait incapables ; mais, peu à peu, le cercle de ceux en faveur desquels on s'en servait fut élargi.

Le fidéicommis était fait sous forme précative ; on s'en rapportait à la bonne foi de l'héritier. C'est de la volonté du disposant qu'il tirait toute sa force, la loi ne lui donnant dans le principe aucune sanction.

Les instituts nous disent que personne n'était contraint à faire les restitutions dont on l'avait chargé.

Mais, avec le temps les fidéicommis prirent une telle extension, que l'on reconnut la nécessité de les sanctionner. Auguste ordonna aux consuls d'interposer leur autorité en faveur de ces dispositions ; on créa même un préteur spécial, appelé fidéicommissaire, qui fut chargé de prononcer sur les fidéicommis.

Il y avait deux sortes de fidéicommis : les fidéicommis universels, par lesquels l'héritier était chargé de rendre la succession entière ou seulement une portion, et les fidéicommis particuliers, par lesquels on laissait un objet particulier. Nous ne nous occuperons que des premiers.

CHAPITRE 1.

Règles générales.

Comme nous l'avons fait observer, le fidéicommis avait pour but de transmettre une succession à des personnes incapables ; mais on ne tarda pas à restreindre la faculté de faire des fidéicommis. Sous Adrien, un sénatus-consulte attribua au tise les biens qui seraient destinés aux étrangers. Ulpien nous apprend aussi que le sénatus-consulte Pégasien annula les fidéicommis faits au profit des personnes sans enfants et des célibataires.

Dans le principe, celui-là seul qui avait fait un testament régulier pouvait grever d'un fidéicommis l'héritier qu'il avait institué ; on permit ensuite à celui qui n'avait pas testé de prier celui qui hériterait de sa succession de la remettre à un autre. Les paroles les plus usitées pour les fidéicommis étaient celles-ci : *peto*, *rogo*, *volo*, *mando*, *fidei tuæ committo*. On pouvait en employer d'autres, car il n'y en avait pas de sacramentelles ; ce que l'on exigeait, c'est que la volonté du disposant fût bien démontrée. On avait même admis qu'un simple geste suffisait pour faire un fidéicommis.

On pouvait grever d'un fidéicommis non seulement l'héritier qui était appelé à la succession entière, mais encore celui qui recevait simplement une quotité. Celui même en faveur duquel existait un fidéicommis pouvait être chargé de rendre les biens à un autre.

Il nous faut examiner maintenant quelles choses devait rendre l'héritier fiduciaire. En règle générale, toutes les choses héréditaires sont comprises dans le fidéicommis universel, et l'héritier est obligé de les remettre toutes au fidéicommissaire. Mais cette transmission, qui s'opère de l'héritier à celui en faveur duquel a été mise la charge de rendre, est dans l'intérêt de ce dernier. Aussi, hâtons-nous de le dire, ce n'est point aux risques et périls du fiduciaire que sont les objets grevés de restitution. Si quelques-uns d'entre eux sont détériorés ou périssent entièrement, le fiduciaire, qui n'est pas responsable de cette perte, n'a aucune indemnité à restituer au fidéicommissaire.

Il ne faut pas cependant aller jusqu'à dire qu'aucune responsabilité ne pèse sur lui. On n'a aucun reproche à lui adresser s'il y a de sa part une simple négligence ; mais s'il commet une faute grave, *lata culpa*, il est responsable, soit de la perte, soit de la détérioration qu'auront pu subir les objets héréditaires.

Ainsi donc, les choses héréditaires sont aux risques et périls du fidéicommissaire, et non de l'héritier sans la faute ni le fait duquel ils viennent à périr.

Les créances qu'avait l'auteur du fidéicommis font partie de sa succession, sont une chose héréditaire ; par conséquent, l'héritier qui aura reçu des sommes de la part des débiteurs de la succession sera tenu de les rendre, quand même la dette qui a été payée serait seulement naturelle.

Le fidéicommis dont on a grevé l'héritier a empêché, par là même, toute confusion de s'opérer entre les biens du défunt et ceux du fiduciaire ; puisque le patrimoine de chacun reste distinct et séparé, les dettes qu'ils pourraient avoir entre eux ne sont pas éteintes, et l'héritier rendra au fidéicommissaire ce qu'il devait au défunt.

Les choses héréditaires rentrent dans la restitution, quelle que soit leur nature ; mais en est-il de même des fruits et produits de ces biens ? Les fruits ne doivent pas être rendus ; car, lorsqu'on charge quelqu'un de restituer une hérédité, on entend l'obliger à rendre ce qui constitue la succession et non pas les fruits, qui sont un avantage provenant des choses comprises dans cette succession.

Il en serait autrement, si le testateur avait chargé spécialement l'héritier de rendre les fruits, ou si ce dernier était en retard de restituer l'hérédité. Quoique le disposant n'eût pas expressément parlé des fruits, l'héritier sera tenu de les rendre, s'il résulte de l'ensemble des dispositions du défunt que telle a été son intention.

Ce que nous avons dit des fruits s'applique également à

tous les produits et accroissements accidentels ; ainsi , les successions que les esclaves héréditaires acquièrent depuis l'acceptation de la succession n'entrent point dans la restitution de l'hérédité. Mais, puisque l'héritier profite de ces choses , il n'est pas juste qu'il ne supporte pas les pertes accidentelles survenues à la succession ; aussi, on a pensé qu'il devait y suppléer avec les fruits et les produits accidentels.

La règle que nous avons donnée pour les fruits ne serait pas applicable aux intérêts des sommes dues au défunt en vertu d'une stipulation et aux loyers dus en vertu d'un contrat de louage, et qui ont couru jusqu'au temps fixé pour la restitution. Les sommes qui en sont provenues doivent être rendues avec la succession. Si l'héritier avait placé lui-même les sommes héréditaires, il en garderait les intérêts.

Une dernière question se présente , c'est celle qui a trait aux enfants nés des esclaves ; certains jurisconsultes soutenaient qu'ils devaient être rendus au fidéicommissaire ; d'autres, au contraire, prétendaient que l'héritier gardait pour lui les enfants des femmes esclaves, pourvu qu'il ne fût pas en demeure de rendre la succession à l'époque de leur naissance.

Telles sont les choses qui entrent dans la restitution du fidéicommis. Mais il y a des objets qui proviennent de l'hérédité , en dehors des fruits et des produits dont nous avons parlé, et qui restent à l'héritier ; ainsi , ce qu'il a reçu à titre de prélegs et de fidéicommis, et non point en sa qualité d'héritier. Ajoutons encore ici qu'il en serait autrement si le testateur avait manifesté une volonté contraire ; car toutes les règles que nous avons exposées ont été établies parce qu'on les a présumées être l'expression de la pensée du testateur. Mais, lorsqu'il a déclaré dans ses dispositions qu'il entendait régler sa succession de telle et telle manière, il n'y qu'à s'incliner devant cette manifestation.

Il nous reste à faire une dernière observation : l'héritier, grevé de restitution, ne doit pas souffrir de la charge qui lui a été imposée ; c'est pour cela que, s'il a fait des dépenses à l'occasion des choses héréditaires, il sera autorisé à les retenir sur les biens compris dans la succession. Comme nous avons observé que la confusion des patrimoines n'avait pas lieu, et que les biens du testateur et ceux de l'héritier fiduciaire restaient séparés, celui-ci déduira du fidéicommis les créances qu'il avait contre le défunt. Il exercerait en outre toutes les retenues que le testateur lui aurait permis d'opérer.

Si l'héritier ne trouvait rien dans la succession sur quoi il pût faire toutes ces retenues, le fidéicommissaire serait obligé de lui donner caution.

Nous avons établi les règles qui président à la restitution des fidéicommis. Elles doivent être suivies lorsque le testateur a chargé l'héritier de rendre toute l'hérédité ou bien une quote-part seulement. Mais le testateur pourrait encore le charger de rendre, soit tout ce qu'il recueillerait, soit sa portion dans la succession. Dans cette dernière hypothèse, il rendrait même les préciputs. Le fidéicommis comprendrait, de plus, ce qu'il aurait reçu à titre de fidéicommis, si le testateur l'avait prié de rendre tout ce qu'il recueillerait de la succession. Enfin, le fidéicommis dont nous nous occupons ne comprend pas les prélegs par lesquels l'héritier reprend plutôt sa chose qu'il ne reçoit une libéralité.

Le disposant peut encore charger son héritier de rendre tout ce qui restera de la succession. Cette disposition comprend toutes les choses héréditaires, même celles qui ont cessé d'exister par le fait de l'héritier ; si toutefois celui-ci avait de bonne foi diminué la succession, les choses qui ne seraient plus dans la succession ne seraient pas comprises dans le fidéicommis.

Aucune restriction n'avait été apportée dans le *Digeste* à cette faculté qu'avait l'héritier de diminuer l'hérédité, s'il agissait de bonne foi. La Novelle 108 vint établir qu'il ne pourrait aliéner au-delà des trois quarts. Si l'héritier, au lieu de vendre les biens compris dans le fidéicommis, les avait échangés, il devrait rendre ceux qu'il aurait reçus en échange.

Le fidéicommis de ce qui reste de la succession comprend aussi les fruits qui existent encore à l'époque où doit être faite la restitution.

Enfin, l'héritier ne déduit ce que lui devait le défunt dans ce même fidéicommis que jusqu'à concurrence de ce dont la dette excède ce qu'il a consommé de la succession.

Il nous reste à énoncer une dernière règle générale à tous les fidéicommis : l'héritier qui restitue la succession n'est pas tenu de donner caution au fidéicommissaire contre l'éviction des biens compris dans l'hérédité ; c'est, au contraire, au fidéicommissaire à s'engager à indemniser l'héritier vis à vis des acheteurs qui seraient évincés des biens qu'il a vendus.

L'héritier qui avait restitué le fidéicommis n'en restait pas moins héritier, aussi était-il tenu de payer toutes les dettes du défunt, et en même temps il avait le droit d'exercer toutes les actions contre les débiteurs de la succession. Pour éviter ce résultat, il vendait fictivement l'hérédité au fidéicommissaire ; on faisait ensuite les stipulations *emptæ et venditæ hæreditatis*. L'héritier stipulait qu'il serait indemnisé de toutes les sommes qu'il serait condamné à payer ou même qu'il aurait payées de bonne foi ; le fidéicommissaire s'engageait à prendre la place de l'héritier en justice, lorsqu'il serait poursuivi en cette qualité ; de son côté, le fiduciaire cédait au fidéicommissaire les actions qui dépendaient de la succession, en lui donnant une *procuratio in rem suam*.

CHAPITRE II.

Du sénatus-consulte Trébellien.

Les stipulations qui intervenaient entre l'héritier et le fidéicommissaire étaient la source de nombreuses difficultés. Si l'héritier payait des dettes, son recours contre le fidéicommissaire pouvait être inutile, si ce dernier était insolvable ; l'héritier lui-même pouvait dissiper les sommes qu'il avait reçues, et le fidéicommissaire perdre par là une partie du fidéicommis. Aussi, les dernières volontés des mourants restaient sans exécution, par suite du refus que faisait l'héritier, grevé de fidéicommis, d'accepter la succession. C'est pour obvier à ces inconvénients que, en l'an 62 après J.-C., fut porté le sénatus-consulte Trébellien. D'après ce sénatus-consulte, si une hérédité était remise en vertu d'un fidéicommis, toutes les actions qui compètent civilement à l'héritier et contre lui étaient données à celui et contre celui auquel on restituait la succession. L'héritier poursuivi après la restitution repoussait les tiers par l'exception *restitutæ hæreditatis ;* lui aussi était écarté par la même exception, s'il agissait contre les débiteurs de la succession en qualité d'héritier.

Voilà le but de ce sénatus-consulte et le résumé de ses dispositions, au sujet desquelles il faut maintenant nous livrer à un examen approfondi. Le sénatus-consulte Trébellien reçoit son application toutes les fois qu'un individu a été chargé, en qualité d'héritier, de rendre la succession entière ou partie seulement. Il n'y a pas à distinguer si celui qui est grevé d'un fidéicommis est héritier testamentaire ou ab intestat. Peu importe que l'héritier lui-même ou celui par lequel la succession lui est acquise ait été chargé de rendre l'hérédité ; ainsi, dans le cas où un fils de famille a été institué et grevé de fidéicommis, et que le père ait restitué la succession ; les actions seront transportées comme si le père lui-même avait été chargé de faire la restitution.

Il serait indifférent aussi que l'héritier ou son tuteur ou curateur eût été prié d'exécuter un fidéicommis.

Il n'y a pas non plus à tenir compte de la qualité du fidéicommissaire, qui peut être, soit un particulier, soit une corporation. Mais le sénatus-consulte n'est applicable et ses effets ne sont possibles que si le fidéicommis a été fait valablement.

Le sénatus-consulte Trébellien a pour but de faire passer les actions qui dépendent de la succession sur la tête du fidéicommissaire auquel les biens ont été laissés par fidéicommis ; ce transport des actions ne sera opéré que lorsque l'hérédité aura été restituée. Cette restitution peut être faite, soit par tradition, soit par déclaration verbale, soit par lettre ou par message. Le fidéicommissaire sera autorisé à actionner le fiduciaire tant que la succession tout entière n'aura pas été restituée.

En principe, c'est à l'héritier qu'il appartient de faire la restitution ; mais il peut donner ordre à une autre personne de le remplacer à cet effet, et le résultat sera le même. Le pupille peut restituer lui-même avec l'autorisation de son tuteur, tandis que celui-ci ne peut le faire sans le pupille, lorsque le pupille n'est pas en bas âge. Toutefois, l'autorisation du tuteur ne suffit pas au pupille qui est chargé de restituer au tuteur lui-même. Enfin, toute personne qui acquiert la succession de l'héritier peut accomplir le fidéicommis. C'est au fidéicommissaire que doit être restituée l'hérédité; mais ici l'effet serait le même si la restitution avait été faite à un autre, du consentement du fidéicommissaire.

Le pupille en faveur duquel existe un fidéicommis aura besoin de l'autorisation de son tuteur pour recevoir la succession; si le fidéicommissaire est sous la puissance de quelqu'un, la restitution sera faite à celui qui a autorité sur lui.

La restitution ne devra avoir lieu qu'à l'échéance du terme ou à l'événement de la condition; si elle était faite avant cette époque, les actions ne passeraient pas au fidéicommissaire; il suffirait cependant, lorsque le moment serait arrivé, que la restitution déjà opérée fût ratifiée.

Après la restitution, le fiduciaire n'en reste pas moins héritier, et les actions sont données pour ou contre le fidéicommissaire, qu'elles soient civiles ou prétoriennes, ou qu'elles résultent d'obligations naturelles. Elles passent au fidéicommissaire, telles qu'elles étaient au temps de la restitution de la succession.

Les actions transférées en vertu du sénatus-consulte Trébellien le sont en proportion de la part de la succession qui a été restituée et pour toute la part que l'héritier est chargé de restituer; si celui-ci rendait une portion plus forte qu'il ne devait, les actions ne seraient pas transférées relativement à l'excédant de cette portion.

Pour les actions que le défunt n'a pas laissées dans sa succession, et qui ont pris naissance dans la personne de l'héritier à l'occasion de cette succession, elles ne sont pas transférées au fidéicommissaire; il en est de même des actions qui ne sont pas données pour ou contre l'héritier, par cela seul qu'il est héritier. Par l'effet du transport des actions en vertu du sénatus-consulte, l'héritier qui a restitué la succession a pour lui l'exception tirée de la restitution; elle lui sera opposée s'il attaque les débiteurs; le fidéicommissaire, de son côté, pourra actionner les débiteurs et être actionné par les créanciers.

Avec les actions héréditaires, les charges de la succession et les legs passent contre le fidéicommissaire, en proportion de ce qu'on lui restitue de la succession.

Cependant, c'est lui qui acquittera les legs et les fidéicommis, si l'héritier, en restituant la succession, prélève pour lui, d'après les ordres du disposant, un objet particulier, ou une somme déterminée. Mais le fidéicommissaire n'est tenu d'acquitter les legs que jusqu'à concurrence des biens compris dans le fidéicommis, et l'excédant est à la charge de l'héritier fiduciaire.

La restitution de la succession a encore pour effet de transporter la propriété de toutes les choses héréditaires à celui à qui l'hérédité a été remise, quand bien même il n'en aurait pas encore la possession.

Cette propriété passe au fidéicommissaire telle qu'elle était entre les mains du défunt. Le caractère incertain qu'elle avait avant la restitution disparaît; et comme conséquence, les aliénations faites par le fidéicommissaire sont confirmées, tandis que celles qui avaient été consenties par l'héritier sont révoquées, à l'exception de celles auxquelles il a été légalement obligé et de la concession de la liberté faite en faveur de l'esclave compris dans la succession. Mais l'héritier devra le prix de l'esclave au fidéicommissaire.

CHAPITRE III.

Du Sénatus-consulte Pégasien.

§ 1. — PREMIER CHEF DU SÉNATUS-CONSULTE.

Le sénatus-consulte Trébellien avait apporté une première modification au droit civil de Rome, sur les fidéicommis, dans le but d'assurer l'exécution des dernières volontés des mourants ; le même motif fit éditer le sénatus-consulte Pégasien, en l'an 73 après J.-C. Les héritiers se souciaient peu d'accepter une succession dont ils ne retiraient aucun profit ; ils refusaient de faire adition d'hérédité, et les fidéicommis étaient éteints. Pour éviter ces inconvénients, le sénatus-consulte Pégasien étendit aux fidéicommis universels le bénéfice de la loi Falcidie. Il fut établi que l'héritier chargé de rendre une succession pourrait en retenir un quart. Ce sénatus-consulte laissait toutes les dettes à la charge de l'héritier, et le fidéi-commissaire était dans la position d'un légataire partiaire ; mais il intervenait alors entre eux la stipulation *partis et pro parte*, en vertu de laquelle chacun supportait les charges en proportion de ce qu'il retirait de la succession. Il intervenait aussi entre eux une autre stipulation : l'héritier qui livrait le fidéicommis se réservait le droit d'en reprendre une partie, s'il apparaissait plus tard qu'il n'avait pas retenu toute la quarte pégasienne. Nous allons étudier en détail ce premier chef du sénatus-consulte Pégasien.

Les dispositions de ce sénatus-consulte ne concernaient d'abord que l'héritier testamentaire ; elles furent ensuite étendues à l'héritier légitime.

Il est possible que le fidéicommissaire lui-même ait été chargé de rendre à un autre la succession. Pour savoir s'il a le droit d'exercer la retenue du quart, il faut distinguer : si on la lui a fait subir à lui-même, il aura la faculté de retenir la quarte, puisque les légataires grevés de fidéicommis particuliers gardent sur ces fidéicommis en proportion de ce qu'on a retenu sur leur legs, en raison de la Falcidie; si, au contraire, la quarte n'a pas été retranchée au fidéicommissaire, il ne pourra rien retenir au second fidéicommissaire ; sauf toutefois le cas où l'héritier aurait manifesté, l'intention de faire profiter de cette libéralité celui en faveur duquel était le premier fidéicommis.

La retenue de la quarte aura lieu contre tout fidéicommissaire universel.

L'héritier retiendra la quarte pégasienne au moment où il restituera la succession. Enfin, cette retenue s'exercera sur toutes les libéralités du testateur, soit legs, soit fidéicommis.

Reste la question de savoir ce que l'on doit imputer sur la quarte. On peut poser un principe et dire que l'héritier imputera sur la quarte pégasienne ce qu'il recueille en qualité d'héritier, mais non ce qu'il reçoit à titre de legs ou de fidéicommis, ou ce qu'il touche pour remplir les conditions imposées par le testateur. Pour les fruits perçus depuis la mort du testateur jusqu'à la restitution de la succession laissée sous condition ou à terme, on les imputera sur la quarte attribuée à l'héritier par le sénatus-consulte Pégasien.

Par un privilége spécial accordé par Justinien, les enfants institués héritiers par leurs père et mère, et grevés de fidéicommis, n'imputent jamais sur la quarte les fruits de la succession. La même règle est applicable aux choses qui tiennent lieu de fruits, ainsi aux loyers des fonds et aux intérêts.

Les maisons et les esclaves ne sont pas aux risques et périls de l'héritier; cependant, si ces choses se perdent ou si elles sont prescrites, comme c'est la succession entière qui en supporte la perte, l'héritier et le fidéicommissaire y contribueront en proportion de la part qu'ils prennent dans la succession. On impute enfin, sur le quart réservé à l'héritier, les aliénations qu'il a consenties des choses héréditaires.

La quarte pégasienne a été établie en faveur de l'héritier; il peut donc y renoncer et abandonner la succession tout entière au fidéicommissaire, mais il ne peut le faire qu'après la mort du testateur. Le testateur ne pouvait priver l'héritier de la quarte pégasienne; s'il avait cependant manifesté cette intention, le fidéicommissaire, en s'adressant au prince, obtenait que la volonté du testateur fût respectée. Justinien établit plus tard que le testateur pouvait empêcher l'héritier de retenir la quarte.

§ 2. — DEUXIÈME CHEF DU SÉNATUS-CONSULTE PÉGASIEN.

Nous venons d'expliquer la première partie du sénatus-consulte Pégasien; dans la seconde, on prévoit l'hypothèse où l'héritier refuserait d'accepter la succession. Le sénatus-consulte déclare que, dans cette circonstance, le préteur forcera l'héritier à accepter la succession aux risques et périls du fidéicommissaire. Les actions passeront alors pour ou contre le fidéicommissaire, en vertu du sénatus-consulte Trébellien, sans qu'il soit nécessaire de faire aucune stipulation; l'héritier ne contribuera pas au paiement des dettes, il ne pourra non plus réclamer le quart de la succession.

Entrons dans les explications. Ce n'est qu'à l'occasion d'un fidéicommis universel que l'on peut forcer l'héritier à accepter, et par fidéicommis universel, on entend celui par lequel on laisse toute la succession ou seulement une quote-part, telle qu'un tiers, un quart.

Il est un cas, cependant, où l'on peut forcer l'héritier à accepter une succession grevée d'un fidéicommis particulier, celui où la disposition a été faite par un militaire; car, alors, par exception, le fidéicommis est réputé universel.

Il est indifférent que le disposant ait employé tels ou tels termes, pourvu que l'intention soit évidente, et, dans le doute, il sera mieux de voir dans la libéralité un fidéicommis universel. L'héritier peut être forcé à accepter, que la succession soit solvable ou insolvable.

Tout fidéicommissaire, quelle que soit sa condition, obligera-t-il l'héritier à se conformer aux dispositions du sénatus-consulte? Sans aucun doute, l'homme libre en faveur duquel a été fait un fidéicommis en a le droit; mais cette faculté est aussi accordée à l'esclave auquel le défunt a laissé la liberté, pourvu qu'elle ne lui ait pas été donnée à terme; car il n'y aurait, dans cette hypothèse, personne à qui l'héritier dût rendre la succession. Au contraire, si la liberté a été accordée purement et simplement et le fidéicommis conditionnellement, l'héritier sera contraint à accepter et à restituer la succession.

L'esclave qui doit recevoir la liberté d'un héritier et la succession d'un autre ne pourra forcer ce dernier à faire adition d'hérédité que lorsqu'il aura été affranchi. Aussi, on comprend sans peine que si un légataire était chargé d'affranchir l'esclave, celui-ci n'aurait pas le droit de forcer l'héritier à accepter la succession qu'il est tenu de lui rendre.

Les liens qui existent entre l'héritier et le fidéicommissaire n'empêchent pas celui-ci d'user du bénéfice du sénatus-consulte ; ainsi , un fils forcera son père à accepter la succession qu'il a été chargé de lui rendre.

Mais si le testateur a établi deux degrés de fidéicommis, chaque fidéicommissaire aura-t-il le droit d'obliger l'héritier à accepter ? Si le premier fidéicommissaire ne garde rien de la succession , l'héritier ne sera pas tenu sur sa demande de faire adition d'hérédité ; pour cela , le concours des deux fidéicommissaires est indispensable ; mais le second pourrait à lui seul forcer l'héritier à l'acceptation , si le premier refusait de s'adjoindre à lui.

Il n'est pas nécessaire, pour que le second chef du sénatus-consulte Pégasien soit applicable , que le fidéicommissaire ne puisse venir à la succession à aucun autre titre ; ainsi , le fils émancipé en faveur duquel existe un fidéicommis , obligera l'héritier à accepter , quoiqu'il puisse venir à la succession par la voie de la possession de biens.

Tels sont les fidéicommissaires qui ont droit au bénéfice du sénatus-consulte. Si l'on se demande maintenant quels sont les héritiers contre lesquels le sénatus-consulte est applicable , il faut répondre qu'il concerne tous les héritiers testamentaires ou ab intestat, légitimes ou prétoriens.

On sait que l'héritier a un certain délai pour réfléchir sur le parti qu'il veut prendre au sujet de la succession qui lui est laissée ; on serait naturellement porté à penser que , dans cet intervalle , il ne pourra pas être attaqué par le fidéicommissaire ; il n'en est pas ainsi. Lorsque l'institution est pure et simple , le fidéicommissaire aura le droit de forcer l'héritier à accepter la succession sans attendre que les délais accordés pour délibérer soient expirés ; seulement, lorsque ce temps sera écoulé , l'héritier aura le choix ou de garder la succession , s'il la croit avantageuse , ou de la restituer dans l'hypothèse contraire.

Lorsque l'institution est faite sous condition protestative , il faut distinguer : si la condition à faire ne présente pas de difficultés dans l'exécution , on obligera l'héritier à l'accomplir et à faire adition d'hérédité; l'héritier serait au contraire dispensé de remplir la condition dont l'exécution serait difficile; si la condition consiste à donner une somme, le fidéicommissaire l'offrira à l'héritier qui , après s'être acquitté de la charge , acceptera et restituera la succession. On avait pensé aussi , dans ces diverses hypothèses , que si l'héritier refusait d'accomplir la condition , le fidéicommissaire serait autorisé à l'exécuter et forcerait ensuite l'héritier à accepter. Il peut se faire que la condition n'ait pas été mise à l'institution d'héritier , mais au fidéicommis ; l'héritier sera obligé à accepter , même avant l'accomplissement de la condition ; mais, évidemment, les actions ne passeraient au fidéicommissaire qu'après l'événement de la condition. Ce que nous disons est relatif au cas où l'héritier est institué pour tous les biens du défunt. Pareillement, lorsque le fidéicommis est à terme , l'héritier n'en sera pas moins forcé d'accepter avant l'échéance.

Passons à l'hypothèse où l'héritier a répudié la succession ; dans cette circonstance encore , il sera forcé à l'accepter et à la restituer.

Lorsque l'héritier prétorien chargé de restituer la succession a laissé passer le délai pour demander la possession de biens , ou si le fidéicommissaire n'a pu dans le temps nécessaire se présenter devant le préteur pour demander la restitution , on viendra à leur secours en leur accordant le temps nécessaire pour que le fidéicommis sorte à effet.

Si le testament qui contient le fidéicommis avait été infirmé, sans aucun doute l'héritier ne serait plus tenu d'accepter la succession ; mais tant que l'infirmation n'a pas eu lieu, et quand même le testament en soit susceptible, le fidéicommissaire est autorisé à faire accepter l'héritier. Lorsque l'héritier a été forcé à faire adition d'hérédité, il ne sera pas nécessaire de l'y obliger une seconde fois, si plus tard une portion d'un héritier défaillant vient accroître la sienne; cette part nouvelle reviendra au fidéicommissaire par droit d'accroissement sans qu'une seconde restitution soit nécessaire.

En même temps que le sénatus-consulte Pégasien oblige l'héritier à accepter la succession grevée de fidéicommis, il met à l'abri de tout préjudice cet héritier; aussi ne peut-il être obligé par le fidéicommissaire à venir à la succession que lorsque celui-ci se sera engagé à l'indemniser de toute perte que pourrait lui occasionner l'acceptation.

Avant de terminer, considérons les effets de l'acceptation forcée que nous avons seulement indiqués d'une manière vague au commencement de cette section. L'héritier qui accepte forcément la succession pour la restituer au fidéicommissaire n'en est pas moins héritier, et le testament reste valable dans toutes ses parties. C'est là que conduit la rigueur du droit, mais, en réalité, l'héritier c'est le fidéicommissaire auquel passe la succession.

Toutes les actions héréditaires sont données au fidéicommissaire et contre lui, mais aussi elles sont refusées à l'héritier et contre lui. En un mot, ce qui compose la succession est transmis au fidéicommissaire. Ce résultat se présente quand même l'héritier n'eût dû recueillir qu'une partie de la succession; car, dans cette hypothèse, l'héritier peut demander que le fidéicommissaire prenne l'hérédité tout entière.

Les actions ne passeraient pas moins au fidéicommissaire, s'il refusait la restitution de la successsion que l'héritier a acceptée sur son ordre. Elles seraient aussi transmises à son héritier si le fidéicommissaire venait à mourir avant la restitution.

Les charges de la succession passent au fidéicommissaire et

c'est de lui que les autres légataires ou fidéicommissaires reçoivent ce que leur a laissé le défunt. Les fidéicommissaires universels obtiendront de lui autant qu'ils auraient dû avoir de l'héritier. Mais quant aux légataires et aux fidéicommissaires particuliers, il retiendra sur eux la quarte à laquelle aurait eu droit l'héritier qui aurait volontairement accepté la succession.

À ce principe nous devons en ajouter un autre : l'héritier qui déclare vouloir répudier une succession comme onéreuse, et qui a été forcé par le fidéicommissaire à l'accepter, ne profitera d'aucun avantage du testament, comme s'il n'eût pas été institué ou qu'il n'eût pas fait adition. Ainsi, il ne jouira pas du bénéfice de la quarte falcidie; s'il a été autorisé par le testateur à faire des prélèvements, il ne pourra les exercer. Cependant, l'héritier garde pour lui les fruits et produits casuels qu'il a perçus depuis l'adition, avant d'avoir été en demeure de restituer la succession; il garde encore ce qu'il a reçu d'un fidéicommissaire particulier pour remplir une condition; mais il restitue ce qu'il tient du fidéicommissaire de la succession.

§ 3. — DANS QUEL CAS IL Y A LIEU A L'APPLICATION DU SÉNATUS-CONSULTE PÉGASIEN.

Le sénatus consulte Pégasien fut édicté, comme nous l'avons vu, onze ans après le sénatus-consulte Trébellien; mais il ne l'abrogea pas, et tous les deux continuèrent à être en vigueur; selon les circonstances, on appliquait ou le premier ou le second.

Si l'héritier n'avait pas été chargé de rendre plus des trois quarts de la succession, on appliquait le sénatus-consulte Trébellien et on donnait les actions héréditaires contre les deux parties, en proportion de ce qu'elles prenaient, contre l'héritier en vertu du droit civil, contre le fidéicommissaire par application du sénatus-consulte Trébellien qui le supposait héritier.

Si l'héritier devait rendre plus des trois quarts, il fallait recourir au sénatus-consulte Pégasien, et l'institué qui avait volontairement accepté devait payer toutes les dettes, qu'il eût ou non retenu la quarte. Mais quand il la retenait, on faisait les stipulations *partis et pro parte;* si toute l'hérédité était rendue, on faisait les stipulations *emptæ et venditæ hœreditatis.*

Quand l'héritier était chargé de rendre la succession en prélevant un corps certain, on appliquait le sénatus-consulte Trébellien; toutes les charges passaient au fidéicommissaire, et il gardait l'objet sans contribuer aux dettes comme un légataire. Il fallait donc, pour qu'il y eût lieu à l'application du sénatus-consulte Pégasien, que l'héritier eût pour lui une quotité de la succession et non pas un objet particulier.

CHAPITRE IV.

Législation de Justinien sur les fidéicommis.

Justinien modifia la législation sur les les fidéicommis en la simplifiant.

Les stipulations nécessitées par le sénatus-consulte Pégasien, dit-il, avaient déplu à l'antiquité, car le célèbre Papinien les appelait captieuses; comme nous préférons la simplicité dans les lois aux complications, après avoir examiné les ressemblances et les différences des deux sénatus-consul-

(es, nous avons cru devoir abroger le sénatus-consulte Péga-sien, qui est le plus récent, et donner toute autorité au sénatus-consulte Trébellien.

Justinien n'abroge pas précisément le sénatus-consulte Pégasien, il réunit les dispositions de ces deux monuments de législation, et il conserve à cette combinaison le nom de sénatus-consulte Trébellien.

Tout héritier grevé de fidéicommis a le droit de retenir un quart de la succession ; ce quart, l'héritier peut le répéter lorsqu'il a remis la succession sans le retenir; il paie les dettes dans la proportion de la part qu'il reçoit, sans être obligé de recourir à aucune stipulation. Enfin, si l'héritier refuse d'accepter l'hérédité, le fidéicommissaire peut le forcer à le faire pour son compte et à ses risques et périls.

Le fidéicommis universel pouvait être pur et simple, ou sous condition, ou même à terme. Avec le temps, on y intro-duisit une condition qui devint peu à peu générale, et que l'on trouvait dans un très-grand nombre de fidéicommis. Le dis-posant chargeait souvent son héritier de rendre sa succession, mais seulement quand il mourrait. On ne se contenta pas même de limiter cette condition à l'héritier. On l'imposa à plusieurs générations, on établit plusieurs degrés de fidéi-commis. Il en résultait parfois des difficultés; aussi Justinien, désireux de contenir dans de justes limites cette habitude, établit dans une de ses Novelles que le droit de faire des fidéicommis était restreint à quatre degrés.

DEUXIÈME PARTIE

DROIT FRANÇAIS

DES SUBSTITUTIONS

La législation qui a régi les substitutions en France a été soumise à de nombreuses variations, à des modifications diverses dans leur principe et leur fin. En examinant les phases successives par lesquelles elles ont passé, il est facile de reconnaître l'esprit général et les tendances des différents régimes qui ont gouverné notre pays ; car tous les gouvernements ont laissé dans leur législation sur les substitutions l'indice des systèmes politiques qu'ils s'efforçaient de faire prévaloir.

Nous diviserons cette étude en trois parties ; dans un premier chapitre, nous résumerons l'histoire des substitutions ; nous nous occuperons ensuite des substitutions prohibées, et enfin de celles qui sont permises par exception.

CHAPITRE Ier.

Étude historique des substitutions.

Avant de nous livrer à une étude approfondie des substitutions, il est indispensable de tracer à grands traits les modifications qu'elles ont reçues depuis l'époque où le droit romain nous les a transmises.

Sous la dénomination de substitutions, les Romains désignaient une institution conditionnelle, subordonnée au défaut d'une première institution ; c'est ce que l'on appelait substitution vulgaire. Le testateur, craignant que son héritier ne refusât la succession, en instituait un second pour le cas où le premier institué n'accepterait pas la disposition faite en sa faveur.

A une époque inconnue, le droit coutumier accorda au père de famille la faculté de faire le testament des personnes qu'il avait en sa puissance immédiate, afin que ces personnes eussent un héritier si elles mouraient impubères ; telle était la substitution pupillaire. Il y avait encore une dérogation à la règle, que l'on ne peut tester que pour soi-même ; elle est connue sous le nom de substitution quasi-pupillaire ou exemplaire. Un père qui a des descendants atteints de folie peut, même quand ils sont pubères, faire leur testament; mais la disposition du père de famille était nulle si le fou revenait à la raison.

Ce n'est pas dans ces institutions qu'il faut chercher l'origine des substitutions du droit français; cette dénomination se rapporte à ce que les Romains appelaient fidéicommis ; de là, le nom de substitutions fidéicommissaires. Seulement, dans notre ancien droit, on ne donnait ce nom qu'à la disposition grevée de la charge de rendre à la mort de l'héritier, tandis que chez les Romains, il suffisait qu'il y eût charge de rendre, à telle ou telle époque, pour qu'il y eût fidéicommis

Il ne faudrait pas croire que la législation romaine sur les fidéicommis fut admise en France sans modification aucune pour régir nos substitutions. Un grand nombre de coutumes prohibèrent entièrement les substitutions : Merlin en compte dix ; d'autres, qui ne prononcèrent pas leur abolition, restreignirent étrangement la faculté de substituer ; enfin, dans quelques pays, on substitua indéfiniment. Certains jurisconsultes pensent, cependant, qu'on ne pouvait le faire que jusqu'au dixième degré ; selon d'autres, les substitutions étaient valables pendant cent ans. Ajoutons encore que s'il y avait doute sur la volonté du testateur, on avait recours au droit romain.

Lorsque la féodalité se fut développée, elle s'empara des fidéicommis et les adapta à ses institutions politiques ; alors on pratiqua largement les substitutions perpétuelles pour continuer à l'infini la richesse des maisons ; on les faisait de mâle en mâle et d'aîné en aîné.

A cette époque, où elles étaient accueillies avec tant de faveur et devenaient si nombreuses, il n'est pas étonnant de voir s'élever un grand nombre de procès à leur sujet ; aussi fut-il nécessaire de leur imposer des règles précises, et c'est à cette cause que l'on doit plusieurs ordonnances sur les substitutions. La première est de 1560 ; œuvre du chancelier L'Hôpital, elle porte le nom d'ordonnance d'Orléans. Elle réglementa divers points des substitutions ; et, entre autres choses, elle les permet, dans son article 49, jusqu'au deuxième degré seulement, l'institution non comprise.

En 1566, une nouvelle ordonnance, dite de Moulins, fut

rendue ; celle d'Orléans n'avait rien établi au sujet des substitutions qui lui étaient antérieures ; elle vint combler cette lacune. L'ordonnance de Moulins limita à quatre degrés, toujours l'institution non comprise, les substitutions dont la date était antérieure à 1560. Elle confirma, de plus, dans son article 57, l'ordonnance d'Orléans. Cependant, ces deux monuments législatifs étaient mal interprétés ; des doutes s'élevaient pour savoir quelle était l'ordonnance qu'il fallait suivre. L'ordonnance de 1747, due au chancelier d'Aguesseau, déclara que l'on devait s'en rapporter à celle de 1560 ; elle la confirma, en outre, dans son article 30, en limitant les substitutions à deux degrés, outre le donataire.

Cette ordonnance avait pour but de poser des règles fixes en cette matière, de mettre un terme à ce nouveau genre de succession arbitraire où la volonté de l'homme avait pris la place de la loi ; d'éviter les procès qui s'élevaient à chaque instant sur l'interprétation de la volonté souvent équivoque du donateur ou testateur (préambule de l'ordonnance). Il résulte de divers de ses articles que, dans les provinces où les substitutions avaient été étendues par l'usage jusqu'à quatre degrés outre l'institution, la restriction à deux degrés ne devait avoir lieu que pour les substitutions qui seraient faites à l'avenir. En outre, rien n'était innové dans les provinces où elles n'avaient pas été limitées à un certain nombre de degrés.

Comme nous l'avons observé, l'esprit féodal avait développé les substitutions autant qu'il avait été en son pouvoir ; les seigneurs féodaux tendaient même à réserver pour eux seuls ce genre de succession. Aussi, lisons-nous dans les œuvres de d'Aguesseau, que certains prétendaient accorder aux nobles seuls cette faculté qu'ils refusaient aux rustiques ; cependant, ajoute l'éminent jurisconsulte auquel répugnait cette distinction, on peut dire que tous les citoyens sont également l'objet de la loi. D'Aguesseau était loin d'être favorable aux substitutions, et, dans une lettre du 24 juin 1730, on lit ce passage : « L'abrogation entière de tous fidéicommis » serait peut-être la meilleure de toutes les lois. » Bien d'autres jurisconsultes partageaient son avis. Montesquieu, au contraire, pensait que les substitutions sont utiles dans le gouvernement monarchique; que, bien qu'elles gênent le commerce, ce sont des inconvénients particuliers à la noblesse, qui disparaissent devant l'utilité générale. M. Troplong écrit, en réfutant ces idées : « En y regardant de plus près, Montesquieu aurait » pu voir que le faux éclat des fortunes substituées ne donnait » pas au trône son appui le plus solide et à la noblesse sa force » la plus réelle. Quel est donc l'intérêt essentiel de la mo-» narchie à placer sa base dans de grands domaines possédés » par un petit nombre de propriétaires, plutôt que dans de » petits domaines possédés par un grand nombre de proprié-» taires ? Est-ce que celle-ci n'est pas plus forte que celle-là ? » est-ce qu'il ne jaillit pas de son sein plus de mouvement, » de travail, de produits et de richesse ? est-ce que cette ac-» tivité laborieuse, suite de la liberté du capital, n'est pas » éminemment favorable au luxe qui s'allie si bien à la forme » monarchique ? est-ce qu'une organisation de la propriété, » conçue de manière à la mettre d'accord avec le fidèle ac-» complissement des engagements civils et commerciaux, ne » tourne pas au profit des mœurs publiques et de l'honneur » national, cette nécessité des états monarchiques ? »

Tel fut l'état de la législation jusqu'en 1789 ; il est aisé de comprendre que le régime des substitutions n'était plus en harmonie avec les idées que venait de faire triompher la Révolution française. Un décret des 25 août - 2 septembre 1792, disposa qu'il n'était plus permis de substituer à l'avenir. Cette nouvelle législation sur les substitutions fut complétée par le

décret des 25 octobre - 14 novembre 1792 , qui les abolit définitivement , déclara sans effet les substitutions antérieures
non ouvertes à l'époque de la publication du décret ; pour
celles qui étaient ouvertes , elles n'eurent d'effet qu'en faveur
de ceux qui auraient recueilli les biens substitués ou le droit
de les réclamer.

La loi des 17 - 21 nivôse an II atteignit encore les substitutions, en les comprenant sous la dénomination de dispositions
à cause de mort ; d'après l'article 1 de cette loi , les substitutions créées le 14 juillet 1789 , et , depuis cette époque ou
antérieurement , si le disposant n'est décédé qu'après le 14
juillet 1789 , sont annulées.

Merlin dit de la faculté de substituer, quelle est , en quelque sorte , de droit naturel, qu'elle dérive du pouvoir qu'a
tout donateur d'apposer à sa libéralité telle condition qui lui
plaît. Les législateurs du Code Napoléon n'ont pas partagé
cette manière de voir , et , frappés à juste titre des inconvénients que présentaient les substitutions , ils les prohibèrent ;
mais ils allèrent plus loin que la loi de 1792 , car ils annulè-
rent en même temps la disposition principale , ce que n'avait
pas fait la Convention nationale. Ils pensèrent, en effet, que le
testateur n'avait disposé en faveur du grevé qu'à raison de la
charge de rendre qu'il lui avait imposée.

Les substitutions, disaient les rédacteurs du Code Napoléon,
ne sont pas sans influence dans l'ordre politique et constitu-
tionnel. En effet, si la propriété foncière est à considérer
comme une garantie dans la distribution des emplois, il existera un plus grand nombre d'individus avec une fortune
donnant une garantie suffisante quand les patrimoines seront
répartis , que lorsqu'ils seront dans la main d'un seul dans
chaque famille. Ils ajoutaient encore : Les substitutions sont
contraires à la prospérité de l'agriculture, de l'industrie , du

commerce, à l'ordre de succéder, à une sage organisation des familles. Tels sont les motifs pour lesquels a été établi le grand principe qui prohibe les substitutions.

Mais, à côté de la règle générale, ont été admises certaines exceptions, dont les unes subsistent encore, tandis que les autres ont été abrogées. La première est celle de l'article 897, qui autorise les père et mère et les personnes sans postérité à établir une substitution au profit, pour les premiers, de leurs petits-enfants, et pour les seconds, au profit des enfants de leurs frère et sœur; il est inutile d'insister sur cette exception, à l'examen de laquelle nous donnerons plus tard des explications étendues.

Une seconde exception est celle qui a trait aux majorats, lesquels furent créés par la loi du 30 mars 1806 et le sénatus-consulte du 14 août 1807. Aussi, lorsque eut lieu la nouvelle promulgation du Code, en 1807, sous le nom de Code Napoléon, cette exception forma la troisième partie de l'art. 896 ainsi conçue : « Néanmoins, les biens libres, formant la dotation d'un titre héréditaire que l'Empereur aurait érigé en faveur d'un prince ou d'un chef de famille, pourront être transmis héréditairement, ainsi qu'il est réglé par l'acte du 30 mars 1806 et celui du 14 août suivant.» L'Empereur Napoléon, désireux d'assurer à sa dynastie le trône impérial, voulut créer une noblesse fondée sur de grands services rendus à la France; cette noblesse nouvelle, qui devait être un des plus fermes appuis de l'Empire, et en même temps ajouter à l'éclat de la couronne du grand conquérant, fut le prix du mérite et du sang versé généreusement pour la France. La loi du 1er mars 1808 compléta l'organisation des majorats.

« L'objet de cette institution, est-il dit dans le préambule de la loi, a été non seulement d'entourer notre trône de la splendeur qui convient à sa dignité, mais encore de nourrir au cœur de nos sujets une louable émulation , en perpétuant d'illustres souvenirs et en conservant aux âges futurs l'image toujours présente des récompenses qui, sous un gouvernement juste, suivent les grands services rendus à l'Etat. »

Voici, en résumé, les principes qui résultent de tous ces actes législatifs. Il fut établi qu'un chef de famille pourrait être autorisé par l'Empereur à ériger un majorat et à substituer les biens sur lesquels ce majorat serait assis, au profit de sa descendance de mâle en mâle et par ordre de primogéniture; mais une concession expresse du chef de l'Etat était nécessaire pour la création d'un majorat. Cette faculté ne fut pas réservée aux particuliers, et l'Empereur put aussi ériger des majorats composés de biens de l'Etat. Il y eut donc deux sortes de majorats, les uns établis par les particuliers, les autres créés par l'Empereur.

L'avénement de la Restauration, dont la politique fut bien différente de celle qui avait été suivie pendant la Révolution et sous l'Empire, amena un changement dans la loi sur les substitutions. Cette troisième modification aux principes de nos codes porte la date du 17 mai 1826. La Restauration voulut arrêter la division infinie des propriétés , qui résultait du système établi par le Code Napoléon sur les successions , croyant par là donner un appui au gouvernement monarchique. D'après cette loi , toute personne put faire une libéralité grevée de substitution dans la limite des biens disponibles; la parenté ne fut plus nécessaire entre le disposant et le grevé; au lieu d'être limitée à un seul degré, la substitution put être étendue à deux, et établie au profit d'un ou de quelques-uns des enfants du donataire; enfin, le second substitué pouvait ne pas être le fils du premier, mais un de ses descendants à un degré plus éloigné.

Tels sont les points par lesquels cette loi dérogea au Code Napoléon; l'effet qu'on espérait de cette innovation ne se produisit pas , et la loi de 1826 fut rarement mise en pratique.

Le gouvernement de Juillet modifia également les actes des gouvernements antérieurs sur les substitutions ; une loi du 12 mai 1835 frappa les majorats ; il fut interdit d'en établir de nouveaux , et ceux qui étaient déjà créés furent limités, pour l'avenir, à deux degrés , l'institution non comprise ; la loi de 1835 n'atteignait que les majorats fondés avec des biens particuliers et ne touchait en rien à la loi de 1826, qui resta en vigueur jusqu'en 1849, au moment où le gouvernement provisoire fit disparaître les exceptions apportées au Code Napoléon par la loi de l'Empire sur les majorats, et par celle de 1826.

Cette loi est du 7 mai 1849 ; elle établit que les majorats, pour lesquels deux degrés de transmission avaient eu lieu, étaient abolis ; d'autre part, la transmissibilité , qui n'existait que pour deux degrés , ne fut accordée qu'au profit de l'enfant né ou conçu ; en outre , la loi de 1826 fut abrogée ; les substitutions déjà établies furent maintenues en faveur de tous les appelés nés ou conçus, elles profitèrent même à tout appelé postérieurement conçu et occupant le même degré de substitution que l'appelé dont la conception avait eu lieu déjà , ou à son représentant.

Le Code Napoléon ne souffre donc plus aucune exception aux dispositions établies sur les substitutions : « L'abolition des substitutions, dit M. Troplong, a pu paraître un coup hardi à la génération qui n'en avait pas fait l'épreuve ; mais l'expérience d'un demi-siècle a démontré à l'époque actuelle les immenses avantages d'un régime de liberté qui laisse la propriété à son mouvement légitime , qui en fait un gage sérieux pour le crédit et un patrimoine assuré à chaque membre de la famille ; les substitutions étaient un obstacle énorme au développement de la richesse publique, elles avaient, sans doute, un certain avantage de conservation, mais elles préféraient une immobilité stérile au mouvement fécond qui donne la vie aux intérêts économiques. Elles favorisaient quelques familles, elles nuisaient au bien général. »

CHAPITRE II.

Des substitutions prohibées.

Après avoir examiné les diverses modifications que les législateurs ont apportées aux substitutions, dans le droit ancien et depuis le Code Napoléon, nous étudierons en détail le grand principe de notre droit actuel, par lequel les *substitutions sont prohibées*; tels sont les termes dans lesquels est conçu l'article 896, sans aucun autre développement.

On définit la substitution, envisagée sous un point de vue général : une disposition par laquelle un tiers est appelé à recueillir une libéralité à défaut d'une autre personne ou après elle ; dans cette définition rentrent également et la substitution vulgaire et la substitution fidéicommissaire. La plupart des auteurs caractérisent cette dernière en ces termes : une disposition par laquelle, en gratifiant une personne, on la charge de rendre l'objet donné ou légué à un tiers que l'on gratifie en second ordre.

Mais toute institution, soit entre vifs, soit par acte de dernière volonté, qui portera les caractères de la définition que nous venons de donner, rentrera-t-elle dans la prohibition ? ou bien faut-il distinguer si la charge de rendre doit être exécutée à une époque quelconque ou seulement à la mort de l'héritier institué ? En scrutant la pensée des législateurs du Code Napoléon, en nous pénétrant des motifs qui les ont amenés à prohiber les substitutions, nous arriverons facilement à la solution de cette question. Sans entrer dans de longs développements, qui seraient superflus après ce que nous avons dit plus haut, nous pouvons indiquer en quelques mots le mobile du législateur : il a voulu anéantir l'institution qui avait pour objet de déranger la transmission légale des successions et de régler un nouvel ordre de succession ; il a défendu à la volonté de chaque particulier de se mettre au dessus de la loi et de s'ériger en législateur. En envisageant à ce point de vue l'œuvre des auteurs de nos lois actuelles, nous sommes amenés à définir la substitution prohibée : la clause par laquelle un donateur ou testateur impose à celui qu'il gratifie la charge de conserver la chose donnée jusqu'à son décès, pour la transmettre alors à une ou plusieurs personnes, que le disposant gratifie ainsi en second lieu. Cette définition renferme tous les éléments de la substitution prohibée ; elle contient, en effet, la charge de conserver jusqu'à la mort du premier institué et celle de rendre à cette époque.

Il faut, en premier lieu, que la donation ou le testament contienne la charge de conserver. En effet, si le grevé n'était obligé à cela, il n'y aurait pas de substitution ; il serait propriétaire irrévocable des biens laissés et pourrait en disposer à son gré, de telle sorte que le résultat fâcheux des substitutions, de rendre les biens immobiles, qu'a voulu empêcher le législateur, disparaîtrait ; ces biens ne seraient point retirés du commerce et pourraient être l'objet de spéculations comme tous les autres. Le grevé, disons-nous, est tenu de conserver les biens ; mais il n'en a pas moins sur ces biens un droit de propriété, droit, il est vrai, qui n'est pas définitif et irrévocable, mais qui ne sera résoluble qu'autant que l'appelé survivra et sera capable à la mort du grevé.

Le grevé, en second lieu, doit être tenu de conserver *jusqu'à* sa mort et de *rendre à cette époque.* Ici aucun doute n'est possible ; tel était le droit ancien. Thevenot nous dit, en effet : « Le grevé est présumé n'avoir été chargé de rendre qu'à sa mort, à moins qu'il n'y ait dans la substitution quelque terme ou quelque circonstance qui indique le contraire ; notre usage habituel était de ne substituer que pour le temps du décès du grevé. » De là, les grands abus qu'on a déplorés dans l'ancien système ; de là, les considérations que l'on faisait valoir, soit au Conseil d'Etat, soit au Tribunat, pour prohiber les substitutions ; tout annonce que la pensée des orateurs se portait sur l'ancien mode de substituer.

Le grevé doit être obligé à rendre à sa mort les mêmes biens qu'il a reçus du disposant ; sans cela, il n'y aurait pas de substitution. Enfin, la disposition qui contient la substitution fournira encore l'indication de la personne à laquelle le grevé est tenu de rendre. Il n'est pas nécessaire que le testateur ait minutieusement désigné ceux qu'il a gratifiés en second ordre ; il suffit qu'il ne puisse s'élever aucun doute sur leur individualité.

Toute institution qui contiendra les conditions essentielles que nous avons indiquées sera une substitution prohibée et la seule substitution prohibée. En effet, il ne faut pas appliquer à tous les fidéicommis la prohibition de l'article 986 du Code Napoléon. Toute substitution fidéicommissaire est bien un fidéicommis, mais tout fidéicommis n'est pas forcément une substitution fidéicommissaire. Les fidéicommis purs et simples, les fidéicommis, soit à terme, soit conditionnels, sont permis et valables, pourvu que le terme ou la condition ne soit pas la circonstance de la mort du grevé. Dans le fidéicommis pur et simple, l'exécution n'est suspendue par aucune condition ni aucun terme ; cette disposition s'ouvre et devient exigible aussitôt que l'acte qui la contient commence d'avoir son effet, et si la mort du fidéicommissaire arrive avant la délivrance, ce dernier ne la transmet pas moins à ses héritiers. La transmission a lieu directement et immédiatement, de la part du testateur, en faveur de celui qui en est l'objet ; celui qui est chargé de rendre n'est qu'un exécuteur testamentaire.

Dans le fidéicommis à terme, le fidéicommissaire acquiert aussi un droit au moment où la donation ou le testament sort à effet ; il n'y a que la délivrance qui soit retardée par le terme.

Le fidéicommis conditionnel est subordonné à un événement futur et incertain ; tant que la condition n'est pas remplie, le droit du fidéicommissaire reste en suspens. On comprend aisément que toutes les fois que la condition ne sera pas la mort du grevé, le fidéicommis conditionnel sera licite, car on ne trouve pas dans ce cas les raisons majeures qui ont fait prohiber les substitutions, et la condition de la mort du grevé est la seule qui puisse établir un nouvel ordre successif.

S'il est nécessaire de ne pas confondre les substitutions prohibées et les fidéicommis qui sont autorisés, il est également indispensable pour la saine interprétation des lois de bien peser les termes qui semblent au premier aspect contenir une substitution. Dans l'ancien droit, on interprétait les fidéicommis avec toute la latitude possible ; on les établissait sur de simples conjectures, et, lorsqu'une disposition n'était pas valable à un point de vue, on s'évertuait à la maintenir comme substitution. Aussi, en résultait-il de graves abus ; l'ordonnance de 1747 voulut y remédier ; elle exigea que la volonté du testateur fût manifestée d'une manière expresse et que les substitutions ne fussent plus présumées ; cependant on laissa subsister les conjectures qui reposaient sur des textes du droit romain.

Dans l'état actuel de notre législation, qui prohibe les substitutions, nous devons plus que jamais repousser les interprétations arbitraires et conjecturales, et nous ne regarderons comme contenant une substitution que la disposition dans laquelle la volonté du disposant sera évidente. Pendant un certain temps aussi, dans l'ancien droit, on admit comme substitution des libéralités conçues en termes précatifs. Une pareille décision serait aujourd'hui contraire à l'esprit de nos lois ; nous exigerons des termes impératifs et obligatoires, ne tenant aucun compte des expressions énonciatives. Il ne faut pas que le disposant s'en rapporte à la volonté de l'héritier, ou lui donne simplement un conseil, mais qu'il lui impose un ordre. Ajoutons encore qu'il n'y a pas de terme consacré et indispensable ; il suffit que la volonté de substituer résulte clairement de l'ensemble de l'acte sainement interprété. Dans cette interprétation des actes qui paraissent contenir une substitution, il importe d'user d'une grande circonspection et, dans le doute, il faut repousser toute idée de disposition prohibée, en s'inspirant de cette pensée que le testateur n'est pas censé avoir voulu violer la loi et faire une institution inutile. Ainsi donc, toutes les fois qu'une disposition, renfermant en apparence une substitution prohibée pourra être maintenue comme contenant une clause permise, il faudra la conserver.

C'est par l'application de ces principes que l'on a tiré des conséquences sur lesquelles nous nous arrêterons un instant. Dans l'ancien droit, on appelait compendieuse la substitution qui renfermait à la fois la vulgaire et la fidéicommissaire. Ainsi, j'institue Paul et je lui substitue Pierre ; il y avait lieu à la vulgaire si Paul mourait sans avoir recueilli ; si, au contraire, Paul survivait au testateur, il y avait lieu à la substitution fidéicommissaire. Dans notre droit actuel, en présence d'une pareille disposition, il faudrait dire que le testateur n'a voulu faire qu'une substitution vulgaire. La même disposition serait applicable au cas d'une disposition qui renfermerait une substitution réciproque.

Une libéralité qui renfermerait en apparence une substitution pourrait encore ne contenir en réalité qu'un droit d'accroissement ; c'est cette dernière hypothèse qu'il faudrait préférer si l'intention du testateur ne paraissait pas contraire à cette interprétation.

Des dispositions peuvent être faites au profit de plusieurs personnes successivement en cas de survie des uns aux autres ; si on peut les considérer comme de simples institutions conditionnelles, on devra les prendre dans ce sens plutôt que dans celui d'une substitution prohibée.

Ces espèces particulières relatives aux substitutions, considérées dans les termes qui les contiennent, nous amènent à passer en revue plusieurs cas d'une nature toute différente. Nous avons indiqué les conditions essentielles à la substitution prohibée ; il s'agit de tirer les conséquences de ces principes.

Il est nécessaire, avons-nous dit, pour qu'il y ait substitution prohibée, que le grevé soit tenu de conserver et de rendre la chose même qu'il a reçue du testateur ; cela est indispensable pour que la disposition tombe sous le coup de l'article 896, et, toutes les fois que l'héritier sera tenu de rendre autre chose que ce qu'il aura reçu, il n'y aura plus de substitution prohibée.

Une libéralité peut être conçue en ces termes : « J'institue primus pour mon héritier, à la charge par lui de rendre à sa mort ce qui restera de ma succession à secundus. » Une pareille clause n'est nullement prohibée ; le grevé peut, et effet, aliéner la succession selon son bon plaisir ; les biens entre ses mains sont entièrement libres ; et si dans ce cas il y a charge de rendre, celle de conserver n'existe pas ; les conditions exigées pour qu'il y ait substitution prohibée ne se trouvent donc pas réunies dans cette disposition.

Une autre hypothèse se rapproche de celle sur laquelle nous venons de nous expliquer; elle se présente lorsque le grevé, auquel l'obligation de conserver et de rendre est imposée, a cependant la faculté d'aliéner *en cas de besoin*. Cette espèce présente-t-elle une substitution prohibée ? Tout dépend de la manière dont on interprétera ces mots : *en cas de besoin*. Si l'on entend par là que le grevé ne peut aliéner que s'il y a absolue nécessité, nous rentrerons dans le cas de la substitution prohibée; si, au contraire, on estime que cette faculté est abandonnée au libre arbitre du grevé, il n'y aura alors qu'une disposition permise. Il nous semble que sur ce point on ne peut établir une règle fixe et invariable; il faudra étudier l'acte dans son ensemble et chercher à connaître par là quelle a été l'intention du testateur, et cette intention connue nous déterminera à permettre ou à prohiber la clause que nous examinons.

Il peut arriver encore que le testateur, sans ordonner au premier institué de rendre à sa mort les biens qu'il lui laisse, lui défende d'aliéner entre vifs. On peut dire que cette condition n'implique pas la charge absolue de conserver, mais, en outre, elle n'est pas jointe à l'obligation de rendre à une personne désignée. Si le testateur défendait aussi l'aliénation par acte de dernière volonté, il n'y aurait pas davantage de substitution prohibée; cela ne changerait en rien l'ordre légal des successions; au contraire : par là serait assurée la transmission des biens aux héritiers appelés par la loi.

Si le testateur imposait à l'héritier la charge de conserver et de rendre à celui qu'il choisirait, quel serait le sort d'un testament renfermant cette faculté d'élire ? Il est un principe en matière de legs qui annule la disposition faite au profit d'une personne incertaine ; cette obligation , imposée à l'héritier, tomberait donc par ce motif. Mais le legs fait à l'institué chargé d'élire serait valable, car, ici, la seconde partie du testament ne sortirait pas à effet, non pas parce qu'elle contiendrait une substitution, mais à cause du legs fait à une personne incertaine, ce qui anéantirait par là-même la charge de conserver et de rendre. Si le choix de l'héritier était cependant limité entre quelques personnes, la disposition ne serait plus faite en faveur d'une personne incertaine, elle renfermerait une substitution prohibée. Dans ce cas encore, il resterait à examiner si, sous cette apparence d'une substitution, ne se cache pas en réalité un mandat de fiducie.

Il serait trop long et inutile de pousser plus loin l'étude des différentes espèces qui peuvent se présenter. Il appartiendra aux magistrats de décider, après avoir interrogé la volonté du testateur, si telle disposition que l'on attaque a tous les éléments indispensables à l'existence d'une substitution prohibée. Une dernière observation à ajouter : c'est qu'il ne faudra voir une substitution que dans le cas où l'acte interprété dans son ensemble démontrera que telle était l'intention du testateur, et cette volonté du disposant ne peut être établie que par l'acte de disposition.

Après avoir étudié les caractères de la substitution, il est naturel de se demander quel est l'effet produit par l'existence d'une substitution sur le testament ou l'acte entre vifs qui la renferme.

La loi de 1792 n'avait annulé que la substitution, laissant intacte la disposition principale ; le Code Napoléon est allé plus loin, et il annule aussi l'institution d'héritier. Il a voulu éloigner de l'esprit de tout homme qui songerait à laisser un acte contenant ses dernières volontés, la pensée de faire des substitutions, et pour les écarter il déclare qu'il annulera la disposition principale. Le législateur de 1804 a jugé avec raison que la première institution serait souvent accessoire dans l'intention du testateur, et craignant de mal interpréter sa volonté suprême, il prononce en même temps et la nullité de la substitution et celle de la disposition principale, et cela, quand bien même le substitué précéderait dans la tombe le testateur. L'inaccomplissement de la condition par suite de cet événement n'empêcherait pas que la nullité de l'acte en entier fût prononcée. Le simple fait de l'existence d'une substitution suffit pour entraîner cette nullité, sans qu'on ait à se préoccuper des événements ultérieurs à la manifestation de la volonté du disposant.

Il paraît, d'après ce que nous dit Merlin, que, dans l'origine, les Tribunaux n'étaient pas unanimes pour admettre ce principe, cependant incontestable. « Les esprits, nous dit-il, étaient étrangement divisés sur ce point, et, en 1808, on venait devant la Cour de cassation soutenir que la disposition principale n'était pas annulée. Cette question, continue le même auteur, ne paraissait pas devoir naître du texte qui y donne lieu, et il a fallu toute la perspicacité de l'intérêt personnel pour trouver au texte de l'article 896 un sens différent de celui qu'il présente à première vue, et il n'est personne de bonne foi qui ne convienne qu'à la première lecture qu'il a faite de cet article, sa pensée a été qu'il annule non seulement la substitution, mais encore la donation, le legs ou l'institution d'héritier. » Telle était l'opinion de Merlin, et on comprend aisément que telle fut aussi celle de la Cour de cassation ; on peut ajouter que cette question, sur laquelle la jurisprudence a été incertaine, dans les premiers temps qui ont suivi la mise en vigueur de nos lois actuelles, n'en est plus une aujourd'hui ; la doctrine et la jurisprudence sont unanimes pour admettre ce grand principe. Il ne faudrait pas cependant dépasser le but et la volonté du législateur, la disposition principale est nulle tout entière, mais celle là seulement est nulle, et les legs que contiendrait en outre le testament seraient valables.

Mais il peut arriver que l'auteur d'une disposition, soit entre vifs, soit testamentaire, déclare que, dans le cas où le legs qu'il fait en second ordre serait prohibé par la loi, il dispose de ses biens en faveur du premier institué ou encore au profit du substitué. Une pareille clause ne contient rien d'illicite, et nous admettons, en principe, que le testateur peut faire une telle attribution. Cette disposition est, en effet, incompatible avec toute idée de substitution ; le testateur est incertain sur la validité de la libéralité qu'il va faire, et comme il tient à ce que la manifestation de sa volonté ne soit pas sans effet, il va au devant de la difficulté ; il ne veut pas que l'on se méprenne sur ses intentions, et alors il ordonne que, dans l'hypothèse où sa disposition serait illicite, on attribue ses biens soit au grevé seul, soit au substitué, soit même à tous les deux. En d'autres termes, il fait une nouvelle libéralité dans laquelle il déclare que si la première n'est pas valable, il la détruit, il l'annule, et fait une nouvelle distribution de ses biens ; cette seconde partie de la disposition vient défaire la première, et cette clause empêche la substitution de naître.

Telle est l'analyse des principes que contient l'article 896. Avant de terminer cette partie, nous avons encore à expliquer les articles 898 et 899.

La substitution fidéicommissaire est prohibée par l'article 896 ; l'article 898 vient, au contraire, déclarer valable celle que le droit romain appelait vulgaire. Le testateur peut, après avoir institué un héritier, en désigner un second pour le cas où le premier ne viendrait pas à sa succession. Les raisons qui ont déterminé le législateur à édicter l'article 896, n'existent plus dans le cas prévu par l'article 898 , et la substitution vulgaire ne présente aucun des inconvénients de la substitution fidéicommissaire ; bien plus, une atteinte aurait été portée à la liberté, si cette disposition eût été repoussée par la loi. On devait laisser à un mourant l'espérance que, après lui , ses biens passeraient en des mains qu'il aurait choisies.

Toutes les fois que le premier institué ne recueillera pas la succession pour un motif quelconque, l'héritier désigné en second ordre sera appelé. Il n'y aurait pas cependant lieu à l'ouverture de la substitution vulgaire, si le premier institué décédait avant d'avoir manifesté son intention d'accepter ou de refuser ; il laisserait dans son patrimoine la succession au sujet de laquelle il n'aurait pris aucun parti.

La substitution vulgaire n'est pas prohibée , la clause par laquelle l'usufruit est attribué à l'un et la nue propriété à l'autre , ne l'est pas davantage. Il n'y a nullement, dans ce cas, charge de conserver et de rendre ; chaque donataire ou légataire reçoit du disposant une libéralité distincte de celle qui est laissée à l'autre ; ce sont deux choses différentes qui leur sont données, et chacun d'eux tient son droit du disposant seul, et lorsque le donataire de l'usufruit mourra, cet usufruit retournera à celui qui a la nue propriété ; mais , cette nouvelle acquisition qu'il fait , il la tient du testateur et non pas de celui qui jouissait de l'usufruit , car cet usufruit échappe à ce dernier au moment de sa mort.

Il en serait ainsi, même lorsqu'un testateur léguerait l'usufruit à une série plus ou moins longue, mais déterminée, de personnes. Il y a, dans ce cas, autant de legs distincts que de personnes appelées, legs valables pour celles qui existeront au moment du décès du testateur, et legs caducs pour les autres. Et ici, lorsque arrivera la mort de chaque usufruitier, celui auquel l'usufruit passera recevra son droit de l'héritier institué, lequel lui livrera, en vertu du testament, car c'est du défunt que chaque usufruitier tient son droit.

Cependant, sous l'apparence de legs successifs d'usufruit, pourrait se cacher une substitution ; dans ces circonstances, les juges apprécieront pour décider s'il y a substitution ou bien le cas prévu par l'article 899 ; dans le doute, il faudra voir plutôt la disposition que permet l'article 899.

Le législateur du Code Napoléon, qui a jugé un article formel nécessaire pour permettre la substitution vulgaire, ne s'est pas expliqué sur ce que l'on appelait à Rome substitutions pupillaire et quasi-pupillaire. Un texte formel était inutile, car il est un principe qui domine toute la matière des testaments, c'est que l'on ne peut tester que pour soi-même. Et on le comprend sans peine ; car un acte qui n'a pour principe et pour mobile qu'un sentiment d'affection ne peut être l'œuvre d'une main étrangère.

CHAPITRE III.

Des dispositions permises en faveur des petits-enfants du donateur ou testateur, ou des enfants de ses frères et sœurs.

§ 1. — QUELLES DISPOSITIONS SONT PERMISES.

Nous avons donné à cette partie le titre que le législateur lui-même a indiqué pour une institution dont la dénomination véritable et réelle est celle de substitution.

Les rédacteurs du Code Napoléon, qui avaient présents à

l'esprit les inconvénients de ces créations de l'ancien régime, refusèrent le nom de substitution à des dispositions qui ne donnaient pas lieu aux abus contre lesquels on avait si énergiquement protesté.

Il ne faudrait pas croire qu'après avoir prohibé en principe les substitutions, le législateur soit arrivé sans aucune autre transition à s'occuper de l'exception dont nous commençons l'examen. Ce n'est, au contraire, qu'après avoir discuté et rejeté des dispositions bien différentes, qu'il s'est arrêté aux principes posés dans le chapitre VI du titre des Donations et Testaments.

Dans l'ancien droit, lorsque des enfants s'étaient montrés indignes des bienfaits de leurs père et mère, ceux-ci pouvaient les exhéréder. Les rédacteurs du Code Napoléon ont rejeté l'exhérédation. Ne voulant pas cependant laisser la puissance paternelle sans autorité, et désirant prévenir les penchants dissipateurs d'un fils, le Conseil d'Etat eut la pensée de faire passer les biens aux petits-enfants, en ne laissant au fils que l'usufruit de sa portion héréditaire. Lorsque la discussion sur ce titre commença, on trouva à ce projet de grands inconvénients, et les modifications qui lui furent apportées l'ont réduit aux dispositions contenues dans les articles 1048, 1049, 1050 et suivants.

La loi a voulu, par les règles qu'elle a tracées, venir au secours des intérêts d'une famille que pourraient menacer et compromettre, soit les dissipations d'un fils, soit une profession qui exposerait à des revers de fortune. Il résulte de ces articles que deux sortes de personnes ont la faculté de faire des substitutions. Les père et mère peuvent imposer à un ou plusieurs de leurs enfants la charge de rendre; les personnes sans enfants ont la même liberté vis à vis de leurs frères et sœurs.

Ces dispositions porteront seulement sur la portion disponible et seront faites au profit de tous les enfants sans distinction, nés ou à naître des donataires.

L'article 1048 ne parle que de père et mère et d'enfants, aussi pensons-nous qu'il faut rejeter une opinion qui étend à l'aïeul la faculté de faire une substitution ; ces dispositions, permises aux père et mère, sont des exceptions qu'il est nécessaire de renfermer dans leurs termes.

Le but du législateur, lorsqu'il a admis ces exceptions, nous amène encore à dire qu'on ne peut grever de substitutions que les enfants légitimes ou légitimés, et non pas les enfants naturels, à la charge aussi de rendre à des enfants légitimes ou légitimés.

Lorsque le texte de nos articles, après avoir parlé des père et mère, accorde aux frères et sœurs la même faculté de substituer, il ajoute : s'ils meurent sans enfants.

L'exception que nous étudions, en effet, a été admise, non pas pour introduire un nouvel ordre successif, mais pour venir au secours de la succession légitime. Cette exception est dans l'intérêt des enfants d'une personne qui devrait venir ab intestat à la succession ; si le frère ou la sœur laissait un enfant, celui-ci serait héritier, et la substitution permise en faveur du frère n'aurait plus alors pour but de venir au secours des règles de succession légitime, en garantissant la transmission des biens aux enfants de celui qui doit hériter.

Cette observation nous aidera dans la solution de plusieurs questions controversées. Si un frère qui aurait usé de la faculté laissée par les articles 1048 et 1049 avait, à l'époque de son décès, un enfant adoptif, sa libéralité deviendrait nulle ; car l'adopté est le successeur légitime du père adoptant.

Il n'en serait pas ainsi lorsque au lieu d'un enfant adoptif ce serait un enfant naturel que laisserait le donateur ou testateur ; les descendants naturels ne sont pas héritiers réguliers de leurs père et mère ; le droit ancien nous fournit aussi un argument en faveur de cette solution.

Si les enfants de celui qui aurait grevé de substitution son frère renonçaient à sa succession, la disposition serait valable ; dans cette circonstance, en effet, ce serait le frère du disposant qui hériterait, en sorte que le danger de voir les biens dissipés se présenterait comme si les enfants du disposant n'existaient pas.

L'époque du décès du testateur ou donateur est donc à considérer pour savoir si la libéralité est valable ; et peu importerait qu'au moment où la substitution a été faite il y eût des enfants, si depuis lors ils sont décédés. Cependant, même au cas où, au jour du décès, le disposant n'aurait plus d'enfants, la substitution tomberait si elle avait été faite par donation, et si postérieurement il était survenu un enfant au donateur. Le principe qui révoque de plein droit les donations pour survenance d'enfant, n'a reçu aucune exception dans les articles 1048 et 1049, et la mort postérieure des descendants ne suffirait pas pour faire renaître une libéralité révoquée et éteinte.

Après avoir examiné quelles personnes sont autorisées à imposer la charge de rendre à leurs donataires, interrogeons les dispositions de la loi pour savoir au profit de quelles personnes il est permis d'établir une substitution. Les articles 1048 et 1049 nous disent : « Au profit des enfants nés et à naître au premier degré des donataires. » Plusieurs explications ont été présentées sur ces mots : *au premier degré* ; certains ont prétendu induire de là qu'un seul degré de substitution était permis, sans tenir compte du degré de parenté existant entre le père et les appelés. D'autres ont soutenu que le *premier degré* est le degré le plus proche et qu'aucun ne précède, quand même les appelés ne seraient pas les enfants du grevé. Ces solutions nous paraissent inadmissibles, et les mots au *premier degré* ne peuvent raisonnablement signifier que la première génération et non pas le premier degré de substitution; ils n'indiquent pas davantage le degré le plus proche qui ne serait précédé d'aucun autre. A l'appui de cette opinion, nous avons l'esprit du Code et la place occupée par ces mots; ils signifient donc les enfants naissant au premier degré des donataires.

Enfin, la substitution ne peut porter que sur les biens disponibles, et doit être au profit de tous les enfants. Le législateur a voulu que l'égalité la plus complète régnât entre les membres d'une famille; il a proscrit pour toujours les distinctions de sexe et les préférences particulières, qui étaient contraires aux vrais principes du droit et blessaient les liens du sang.

La libéralité sera au profit de tous les enfants nés ou à naître; on a dû ici faire une exception à la règle qui défend d'instituer des personnes qui ne sont pas conçues; cette exception était impérieusement exigée par le principe d'égalité absolue que la loi a voulu maintenir entre les enfants.

L'article 1051 est aussi une conséquence nécessaire de la règle qui ne permet la substitution qu'au profit de tous les enfants; il autorise les enfants de l'appelé mort avant le grevé à représenter leur père lorsque la substitution sera ouverte; dans une circonstance où la loi cherche à venir en aide aux descendants par la substitution, elle n'a pas dû les priver des avantages qu'ils auraient eus, si la succession leur fût échue en vertu des dispositions de la loi. Mais la substitution s'éteindrait, si tous les enfants du grevé décédaient avant lui.

La substitution est autorisée si elle réunit les conditions que nous avons signalées. Ici encore, il n'y a pas de termes sacramentels que doive employer le donateur ou testateur ; ce qu'il importe, c'est que la volonté du disposant, clairement manifestée, ne renferme rien de contraire aux dispositions de la loi ; car, si les conditions qu'elle exige étaient violées, la charge de rendre serait nulle et entraînerait aussi dans sa nullité l'institution principale. Cependant, si la substitution dérogeait à la loi, en ce seul point que la réserve serait entamée, la nullité ne serait pas la conséquence de cette irrégularité ; la libéralité resterait valable, seulement elle serait réduite à la quotité disponible.

Dans cette matière des dispositions permises en faveur de petits-enfants ou de neveux et nièces, les rédacteurs du Code Napoléon avaient présents à l'esprit les principes posés dans l'ordonnance de 1747 ; ils en ont reproduit une disposition dans l'article 1052. Un donateur peut avoir fait une libéralité par acte entre vifs à un enfant, à un frère ou une sœur, sans le grever de restitution ; si, plus tard, le donateur propose une nouvelle libéralité au même donataire, mais à la condition qu'il sera chargé de rendre tous les biens qu'il aura reçus de lui, le donataire sera libre, il est vrai, de refuser une offre pareille ; mais, s'il l'accepte, il ne pourra plus y revenir sous aucun prétexte. Le législateur a dû s'expliquer sur ce point, car, autrement, le principe de l'irrévocabilité des donations se serait opposé à ce résultat.

Quelques auteurs sont allés plus loin, et ont ajouté que, dans ce cas, lorsque des libéralités successives dépasseront la quotité disponible et entameront la réserve, la charge de rendre sera irrévocable pour tous les biens même réservés. Cette doctrine n'est pas fondée, à notre avis, en ce qui touche les donations, et le donataire auquel est imposée la charge ne peut valider par son acceptation une disposition qui ferait porter cette charge sur sa part de réserve. La réserve, en effet, est la succession, et l'acceptation par le réservataire de la condition dont il s'agit, constituerait une renonciation à une succession non encore ouverte, et c'est ce que défend l'article 1130.

Lorsqu'une seconde libéralité sera ajoutée à une première et imposera au donataire la charge de rendre pour tous les biens, il est hors de propos de dire que cette nouvelle stipulation ne portera aucune atteinte aux droits que le donataire aurait accordés à des tiers sur les biens compris dans la première libéralité.

Nous ne croyons pas non plus qu'il faille insister sur la question des actes par lesquels la substitution peut être établie; elle sera faite, soit par testament, soit par donation, et les règles de ces actes devront être observées. Rappelons seulement ce que nous avons déjà dit, qu'il ne sera pas nécessaire que l'appelé soit conçu au moment de la mort du testateur, si la libéralité est contenue dans un testament, ou au moment de la donation, lorsque telle est la forme qui a été employée; pour que la substitution soit valable, il suffit que le substitué soit conçu à la mort du grevé.

Il n'est pas non plus exigé que l'appelé accepte pour que la libéralité soit irrévocable; les parties, qui sont ici le donateur et le grevé, stipulent pour lui et le représentent. Cette observation est une exception au principe de l'article 1121, suivant lequel le donateur, qui stipule dans l'intérêt d'un tiers, conserve le droit de retirer son offre tant que la personne à laquelle elle est faite ne l'a pas expressément ou tacitement acceptée; mais c'est aussi une application, un peu étendue, il est vrai, de l'article 935 qui permet aux ascendants d'accepter les donations offertes à leurs descendants.

§ 2. — DES MESURES PRISES DANS L'INTÉRÊT DES APPELÉS ET DES TIERS.

L'intérêt des appelés exigeait que leurs droits fussent surveillés pendant la jouissance du grevé, et que l'administration de celui-ci ne diminuât pas la libéralité qu'ils pourront recueillir un jour.

On peut ramener à quatre points les formalités à remplir dans leur intérêt ou dans celui des tiers : 1° nomination d'un tuteur ; 2° inventaire ; 3° vente du mobilier et emploi des capitaux ; 4° publicité de la substitution.

1° De la nomination d'un tuteur.

Dès que la substitution a été faite, les droits des appelés doivent être protégés ; lorsque la libéralité est contenue dans une donation, c'est le disposant qui, pendant le reste de sa vie, veillera à leurs intérêts ; à sa mort, c'est un tuteur spécial qui sera préposé à la surveillance et à la sauvegarde de leurs droits conditionnels. Cette tutelle diffère en certains points de celle des mineurs. Comme tous les autres, le tuteur à la substitution prendra toutes les mesures nécessaires dans l'intérêt des appelés ; mais il est seulement tuteur aux biens, car il n'a pas à s'occuper de la personne des appelés ; aussi faut-il qu'il soit nommé, même lorsque les appelés sont majeurs, ou, qu'étant mineurs, ils ont déjà un tuteur. C'est donc un tuteur tout à fait spécial. En cas de négligence il est responsable, mais il ne serait pas tenu hypothécairement.

Enfin, il n'y a pas lieu à la nomination d'un subrogé-tuteur. Tels sont les points par lesquels cette tutelle diffère de la tu telle ordinaire, dont les règles devront être suivies toutes les fois qu'il n'y aura pas été dérogé.

Le disposant peut nommer lui-même ce tuteur, soit dans l'acte contenant la substitution, soit dans un acte postérieur, et le texte de la loi exige que, dans cette seconde hypothèse, la forme authentique soit employée. Malgré cette expression, il nous paraît hors de doute qu'un testament olographe pourrait contenir cette nomination.

Lorsque l'auteur de la substitution n'aura pas nommé de tuteur, ou si le tuteur nommé se fait excuser, le grevé ou son tuteur, s'il est mineur, sera tenu de faire procéder à cette nomination dans les formes usitées en pareil cas pour la tutelle ordinaire.

Le délai dans lequel le grevé doit remplir cette obligation est celui d'un mois, à dater du jour du décès du disposant, ou de celui depuis lequel la substitution a été connue; il importe, en effet, que les intérêts des appelés soient surveillés immédiatement.

La loi n'a pas dû laisser sans aucune sanction ce devoir imposé au grevé; aussi l'article 1057 porte-t-il que : « le grevé qui n'aura pas satisfait à cette obligation sera déchu du bénéfice de la disposition, et, dans ce cas, le droit pourra être déclaré ouvert au profit des appelés, à la diligence soit des appelés s'ils sont majeurs, soit de leurs tuteurs ou curateurs, etc. »

Des difficultés nombreuses ont été soulevées sur l'application de cet article. Les termes dans lesquels il est conçu indiquent, à notre avis, que la déchéance dont il parle ne sera encourue par le grevé que lorsque des appelés existeront et à leur profit ; dans le cas contraire, le Tribunal ne pourra ordonner que des mesures conservatoires dans l'intérêt des appelés à naître ; c'est, en effet, en leur faveur que

— 53 —

cette disposition a été introduite, et tant que ceux que la loi cherche à favoriser n'existent pas, la question de savoir si le grevé ne restera pas toujours propriétaire des biens compris dans la libéralité est fort incertaine. Or, si on allait déclarer déchu le grevé lorsqu'il n'existerait pas d'appelés, et remettre les biens aux héritiers ab intestat du disposant, qu'arriverait-il s'il ne naissait aucun appelé? C'est que les biens resteraient à des héritiers que n'a jamais eus en vue l'auteur de la libéralité contenant charge de rendre. Il n'y aura donc lieu à appliquer l'article 1057 que lorsqu'il existera des appelés ; mais alors, les juges n'ont aucune appréciation à faire ; ils sont obligés de déclarer la déchéance du grevé ; et lorsque· dans la seconde partie, le législateur emploie le terme *pourra*, il n'a eu qu'un but, celui d'indiquer les personnes qui auraient le droit de faire déclarer ouverte la substitution.

La même déchéance serait prononcée contre le grevé mineur pourvu d'un tuteur; cela résulte des articles 1056, 1057, 1074 combinés. Mais si, dans le délai fixé pour la nomination du tuteur à la substitution, le grevé mineur était resté sans tuteur, évidemment on ne pourrait lui infliger la peine dont parle l'article 1057 ; ce serait, alors, aux personnes intéressées à faire nommer promptement un tuteur au grevé.

Il nous reste à examiner, sur ce point, si la délivrance qui est faite aux appelés vivants lors de la déchéance du grevé est provisoire ou définitive. Cette ouverture de la substitution n'est que provisoire, et la mort seule du grevé réglera les droits des appelés d'une manière définitive. Autrement, le but que la loi a voulu atteindre, d'établir l'égalité la plus complète entre tous les enfants du grevé, serait manqué, et on s'éloignerait également de la volonté du testateur, qui a eu le dessein de faire profiter de la charge de rendre les enfants seuls du grevé qui lui survivraient, ou leurs descendants, auxquels la loi accorderait le bénéfice de la représentation.

2° Constatation des biens compris dans la substitution.

Les droits des appelés ne seraient pas sauvegardés s'il n'était pas constaté d'une manière précise quels biens sont compris dans la substitution. C'est pour cela que la loi ordonne au grevé de faire procéder à *l'inventaire de tous les biens et effets* qui composeront la succession. L'esprit de la loi doit nous faire donner à ces dernières expressions leur véritable sens ; le législateur, en employant le mot *inventaire* pour tous les biens, s'est servi d'un terme générique ; c'est un inventaire qui sera exigé pour les meubles et un état estimatif pour les immeubles, et l'on comprend qu'il serait difficile de reconnaître qu'il y a eu négligence de la part du grevé, si cette formalité n'était pas accomplie.

Cette disposition est empruntée littéralement à un article de l'ordonnance de 1747, qui exigeait la constatation de tous les biens substitués. Mais toutes les dispositions ne sont pas soumises à cette formalité ; il n'y a que celles qui sont universelles ou à titre universel et faites par testament ; les legs particuliers en sont dispensés.

Les frais de l'inventaire seront pris sur les biens contenus dans la substitution. Si, toutefois, une circonstance autre que l'existence de la substitution exigeait un inventaire, la masse entière des biens en supporterait les frais.

Comme le tuteur est chargé de surveiller les droits des appelés, l'inventaire sera fait en sa présence. Le grevé a un délai de trois mois pour remplir cette formalité. Si ce délai s'écoulait sans qu'il eût été procédé à l'inventaire, le tuteur serait tenu de le faire faire dans le mois suivant. Si ce dernier néglige ce devoir, le droit de le requérir passe alors aux appelés, à leurs parents et au procureur impérial. Dans tous les cas, le grevé ou son tuteur, et le tuteur à la substitution seront appelés à l'inventaire.

Ajoutons enfin que les meubles et effets mobiliers doivent être estimés dans l'inventaire.

3° *Vente du mobilier et emploi des capitaux.*

Les meubles dépérissent rapidement et se déprécient ; l'intérêt des appelés demandait qu'ils fussent vendus, et la loi impose au grevé de faire procéder à la vente des biens meubles. Elle aura lieu par affiches et aux enchères, en présence du tuteur qui doit veiller à ce que cette formalité soit accomplie.

En règle générale, les effets mobiliers seront donc vendus ; la loi a apporté deux exceptions à ce principe : le grevé ne fera point vendre les meubles dont le disposant aurait expressément ordonné la restitution en nature, et ceux qui deviennent immeubles par destination. L'article 1064 ne parle que des bestiaux et ustensiles servant à faire valoir les terres ; il a été emprunté à l'ordonnance de 1747 ; et il ne faut pas s'étonner de cette disposition, car, lorsqu'elle a été décrétée, on ignorait encore si le principe de l'immobilisation des biens serait adopté. C'est ce principe contenu dans l'article 524 qui nous amène à étendre à tous les meubles dont il parle l'exception qui, au premier aspect, ne paraîtrait se rapporter qu'aux bestiaux et ustensiles. Mais comme ces derniers objets pourraient ne pas exister à l'époque où cesserait le droit du grevé, dans cette hypothèse, ce dernier en rendra d'autres d'une égale valeur.

Si la loi exige du grevé qu'il vende les meubles, par une conséquence directe et immédiate, elle devait lui ordonner de faire emploi du prix qui en proviendrait et des capitaux qui seraient remboursés. C'est ce qu'elle a fait en fixant aussi le délai dans lequel cet emploi doit avoir lieu. Toutes les sommes qui seront dans la succession à l'époque de la clôture de l'inventaire, et quelle que soit leur origine, seront placées dans les six mois qui suivront ce moment ; quant à celles qui proviendront des recouvrements opérés après la clôture de l'inventaire, elles devront être placées dans les trois mois, au plus tard, à dater du jour de leur réception ; le juge a cependant le pouvoir de proroger ce délai.

Nous venons de parler du délai dans lequel l'emploi sera fait ; quand au mode de cet emploi, on suivra la volonté du disposant, s'il l'a manifestée ; et, dans le cas contraire, nous dit la loi, il devra être fait en immeubles ou avec priviléges sur immeubles.

D'après la plupart des auteurs, l'expression de privilége est employée ici dans le sens le plus étendu, et on pense généralement qu'un placement sur première hypothèque ne serait pas contraire aux prescriptions de la loi. Ajoutons encore ici que l'emploi fait par le grevé doit l'être en présence du tuteur à la substitution et à sa diligence ; et si le grevé ne remplissait pas l'obligation de la loi, le tuteur pourrait le forcer à déposer les sommes à la caisse des dépôts et consignations.

4° *De la publicité de la substitution.*

La loi, dont la sagesse a veillé avec tant de soin sur les intérêts des appelés, en ordonnant les formalités sur lesquelles nous venons de nous expliquer, devait en même temps prendre en main la cause des tiers qui aurait pu être gravement compromise, si la substitution leur eût été cachée. C'est donc dans leur intérêt qu'elle a voulu donner une grande publicité à ces dispositions.

La publicité s'obtient, quant aux immeubles donnés par le disposant, par la transcription des actes sur les registres du conservateur des hypothèques du lieu de la situation ; pour ceux qui auraient été achetés par le grevé en emploi des derniers substitués, on transcrit l'acte de vente qui mentionnera que l'immeuble est grevé de substitution ; pour les capitaux placés avec privilège, on prendra une inscription sur ces immeubles, en mentionnant encore la charge de rendre. Si une seconde libéralité venait grever de substitution les biens compris dans une première donation, cette disposition serait transcrite en marge de la transcription de la première libéralité.

Les meubles que l'on conserve en nature ne sont pas soumis à la même garantie, c'est au tuteur à veiller à leur conservation. Voilà les moyens employés par la loi pour protéger les tiers.

Le Code n'a innové par ces dispositions qu'en ce qui touche les libéralités par acte testamentaire ; la formalité de la transcription avait déjà été exigée pour les donations ordinaires. De telle sorte, remarquons-le, que, pour les actes entre vifs, la transcription exigée au titre des Donations se confond avec celle qu'impose l'article 1069.

C'est à la diligence du grevé ou du tuteur à la substitution que la publicité sera donnée ; il n'y a aucun délai de rigueur pour remplir cette formalité. Mais le grevé et le tuteur assument sur eux une grave responsabilité, s'ils négligent ce devoir ; car la loi, qui ordonne de sages mesures pour porter à la connaissance des tiers les droits des appelés, n'a pas dû faire retomber sur eux la faute de ceux qu'elle charge de remplir les précautions qu'elle impose.

Lorsque la substitution n'aura pas été rendue publique dans les formes prescrites par la loi, les créanciers et les acquéreurs à titre onéreux seront en droit d'opposer aux appelés, sans tenir compte de leur âge ou de leur condition, le défaut de transcription; et cela quand même ils auraient connu la substitution par d'autres voies que celles tracées par la loi. Dans ces circonstances, il était juste de protéger les tiers plutôt que les appelés, dont les représentants ont oublié les prescriptions de la loi. Une grave atteinte aurait été portée à la sécurité des négociations s'il n'en eût été ainsi.

Les conséquences du défaut de transcription se produiraient à l'encontre des appelés, même si le grevé et le tuteur étaient insolvables.

Les créanciers et les acquéreurs à titre onéreux, avons-nous dit, pourront opposer le défaut de transcription; une distinction cependant est à faire entre ces personnes. Les créanciers et les tiers acquéreurs du grevé auront le droit de se prévaloir de l'inexécution de cette condition, quand même la donation eût été transcrite, si la charge de rendre ne l'avait pas été. Mais il n'en sera pas ainsi pour les créanciers et les tiers acquéreurs du donateur; pour eux, quand même la libéralité n'eût pas été transcrite comme substitution, si elle l'avait été comme donation, ils n'auraient pas la faculté d'opposer le défaut de transcription. Que leur importe, en effet, que les biens aient été donnés à charge de restitution? Tout ce qui les intéresse, c'est de savoir si les biens de celui qui est leur débiteur ou leur auteur sont ou ne sont pas dans ses mains.

Mais il est des personnes à l'égard desquelles les substitutions ont leur plein et entier effet, quoiqu'elles n'aient été transcrites ni comme substitution, ni comme donation. Ce sont :

1° Les donataires, légataires ou héritiers du disposant, c'est-à-dire ses ayants cause à titre gratuit;

2° Les donataires, légataires ou héritiers des ayants cause à titre gratuit du disposant.

On comprend aisément le motif de la loi ; entre deux personnes qui luttent, l'une et l'autre, *de lucro captando*, celle dont le titre est antérieur doit, par cela seul, être préférée à l'autre. Comme aussi dans le cas précédent, lorsque, ayant à choisir entre les créanciers et acquéreurs à titre onéreux et les appelés, elle décide en faveur des premiers ; elle a considéré que celui qui lutte *de damno vitando* est plus digne de protection que celui qui discute *de lucro captando*.

Le défaut de transcription peut être opposé aux appelés, même mineurs ou interdits ; mais un recours leur est ouvert contre le grevé et le tuteur à la substitution. Le grevé est responsable toutes les fois que sa négligence à observer les prescriptions de la loi aura nui aux appelés. Cette responsabilité pèse sur lui, même lorsqu'il est mineur. Son tuteur, dans ce cas, doit le remplacer dans l'accomplissement de toutes ces conditions, sans que jamais le grevé mineur puisse se prévaloir de cette circonstance pour être restitué contre l'inexécution des règles tracées par le législateur.

La même responsabilité pèse sur la tête du tuteur à la substitution. Si le grevé est le premier que la loi oblige à accomplir les formalités qu'elle exige, c'est au tuteur à surveiller la conduite du grevé et à faire toutes les diligences pour que les intérêts des appelés ne soient pas compromis.

§ 3. — DROITS DU GREVÉ ET DES APPELÉS. — OUVERTURE DE LA SUBSTITUTION.

1° *Droits du grevé et des appelés.*

On peut caractériser en deux mots les droits du grevé et ceux des appelés : le grevé est propriétaire des biens compris dans la substitution, sous condition résolutoire ; l'appelé en est propriétaire sous condition suspensive, et la condition de laquelle dépendent les droits de chacun est la survie de l'appelé au grevé. Ainsi donc, le grevé n'a pas seulement sur les biens un droit de jouissance, il en est réellement propriétaire ; seulement, son droit est révocable. Il en résulte, en conséquence, qu'il peut aliéner, consentir des hypothèques, grever les biens de servitudes ; tous ces actes auront, à la vérité, le même caractère que le droit du grevé ; ils s'évanouiront si les appelés survivent au grevé, et seront au contraire irrévocables s'il n'y a pas lieu à l'ouverture de la substitution.

Il y a même plus : les biens substitués pourraient être hypothéqués ou aliénés d'une manière irrévocable dans le cas d'absolue nécessité. Ainsi, pour payer les dettes laissées à la charge de la substitution, le grevé devrait faire intervenir le tuteur dans cette circonstance et suivre les formalités exigées par la loi lorsqu'il s'agit de biens de mineurs. Le grevé aura le droit de faire rentrer les créances comprises dans la substitution et de décharger les débiteurs. Toutes les actions relatives aux biens substitués, soit personnelles, soit réelles, ne peuvent être introduites que par le grevé et contre lui. Seulement, les jugements rendus avec le grevé ne seront opposables aux appelés que si le tuteur à la substitution a été mis en cause.

Le grevé peut encore faire une transaction que l'on ne pourra plus attaquer, si on a employé les formes qu'exige la loi dans les transactions de biens de mineur.

La prescription qui aura couru contre le grevé aura également son effet contre les appelés. Aucun texte ne les y soustrait ; ils y restent donc soumis. Seulement, si la substitution vient à s'ouvrir plus tard, comme le droit de propriété des appelés aura un effet rétroactif, on pourrait dire que la pres-

cription n'a pas couru contre eux pendant leur minorité.
Quand à celle qui a couru au profit du grevé, si elle a éteint
des droits que des tiers avaient sur les biens substitués, les appelés en profiteront. Si la prescription avait acquis de nouveaux
droits au grevé, elle serait au profit de celui-ci seulement, à
moins qu'il n'apparût que le grevé n'a fait que continuer la
prescription commencée par le disposant.

Si le grevé a des droits, il a aussi des obligations à remplir.
Il doit apporter à l'entretien des biens substitués les soins
d'un bon père de famille. Il a seul la jouissance des fruits, seul
aussi il doit supporter les dépenses qui sont considérées
comme charges des fruits; ainsi, il paie les impositions, fait
les réparations d'entretien. C'est à lui aussi à faire les dépenses qui ne sont pas, en général, une charge des fruits ; ainsi,
les grosses réparations. Mais il ne les supporte pas, et il
pourra ou se faire autoriser à emprunter ou les payer de ses
deniers, sauf à se les faire rembourser à l'époque de l'ouverture de la substitution.

De ce que nous avons dit en commençant, il résulte que
les appelés n'ont qu'une simple espérance jusqu'au moment
où s'ouvrira la substitution. Cette expectative qui, plus tard,
pourra se transformer en droit réel et véritable, a préoccupé
les législateurs ; aussi avons-nous vu qu'ils ont ordonné des
formalités propres à la sauvegarder, et, de plus, le tuteur à la
substitution peut prendre toutes les mesures conservatoires
qu'il croira nécessaires dans l'intérêt des appelés ; ainsi il
peut interrompre une prescription.

Il y a plus encore, c'est qu'il ne dépend plus du donateur,
quand même il aurait le consentement du premier donataire,
d'anéantir cette espérance ; lorsque la libéralité contenant
charge de rendre a été faite par donation, le disposant n'a plus
le droit de revenir sur cette disposition et d'effacer la charge

de rendre. En effet, la libéralité, grevée de substitution, contient deux donations, et celle qui est au profit des appelés a été acceptée pour les appelés par les parties, qui, présentes au contrat, stipulaient pour eux. Dès que, par la bouche de leurs représentants, les appelés ont déclaré accepter la libéralité, elle devient irrévocable.

2° *De l'ouverture des substitutions.*

Après avoir examiné les droits du grevé et des appelés tant que la substitution n'est pas ouverte, il faut étudier les causes d'ouverture des substitutions.

La mort naturelle est la seule cause définitive et irrévocable qui donne lieu à l'ouverture des substitutions ; l'intention du testateur a été de laisser au grevé les biens substitués pendant sa vie, et de les transmettre, au moment de sa mort, à ceux qu'il appelle en second ordre. La loi déclarant de plus que la substitution ne sera valable que si elle est faite au profit des enfants nés ou à naître du grevé, on conçoit aisément que la mort seule du grevé fera connaître quels sont les appelés.

L'ouverture de la substitution peut aussi avoir lieu par la déchéance prononcée contre le grevé pour défaut de nomination d'un tuteur à la substitution, et par l'abandon que le grevé fait de ses droits aux appelés. Mais ici, cette ouverture des substitutions ne sera que provisoire ; à la mort seulement du grevé, les droits des appelés seront réglés définitivement ; et c'est entre les appelés qui survivront au grevé, ou leurs représentants dans le cas de l'article 1051, que le partage deviendra irrévocable. Décider autrement, serait aller contre la pensée du disposant et enfreindre le principe d'égalité que la loi a voulu établir entre tous les enfants du grevé.

L'abandon que le grevé peut faire aux appelés par anticipation ne nuira jamais aux créanciers. Ceux dont le titre aura une date certaine auront le droit de se payer sur les revenus des biens abandonnés, si les biens particuliers du grevé sont insuffisants, et même si, après cet abandon, les appelés décédaient avant le grevé, les créanciers seraient autorisés à exercer leur recours sur la nue propriété de ces biens.

Si le grevé avait concédé des droits éventuels, les appelés ne pourraient en demander la résolution qu'autant qu'ils survivraient au grevé.

On s'est demandé si, en assimilant le grevé à l'usufruitier, on pouvait faire prononcer l'extinction de son droit au cas où sa jouissance serait abusive. Cette assimilation est impossible ; on ne peut appliquer au grevé, qui est propriétaire, l'article 618, qui est fait pour l'usufruitier ; la seule ressource que l'on aurait dans cette hypothèse serait de demander des dommages-intérêts pour le passé et de prendre pour l'avenir des mesures conservatoires.

Si la libéralité faite au grevé était révoquée pour ingratitude ou inexécution des conditions, y aurait-il lieu à l'ouverture de la substitution au profit des appelés ? La faute du grevé ne doit pas nuire aux appelés, et la conduite de l'un est sans influence sur les autres. Si l'ingratitude du grevé a fait révoquer la libéralité qu'il avait reçue, il y aura lieu à l'ouverture provisoire de la substitution, s'il existe déjà des appelés ; dans le cas contraire, les biens seront remis au disposant ou à ses héritiers, qui les rendraient lorsqu'il y aurait des appelés. L'intention du donateur en se dépouillant de ses biens a été d'en investir les appelés après le grevé.

Si la libéralité était révoquée pour inexécution des conditions , le résultat serait le même, pourvu que les charges imposées à la donation fussent exécutées par les appelés, car la libéralité serait révoquée pour eux également s'ils refusaient d'en remplir les conditions.

On ne peut pas dire que la substitution serait ouverte si le grevé refusait d'accepter la libéralité, car alors il n'y aurait pas de donation ou de legs, et la charge accessoire ne serait pas valable si la disposition principale n'existait pas, à moins , toutefois que le disposant n'eût fait en même temps une substitution vulgaire qui appellerait les donataires en second ordre au premier rang, au cas où le grevé n'accepterait pas la libéralité.

La décision serait la même si le legs devenait caduc par la mort du grevé avant le testateur.

Dès que la substitution est ouverte , les appelés sont saisis des biens de plein droit et sans avoir à demander la délivrance. La mort du grevé anéantit tous ses droits, il n'en transmet aucun à ses héritiers ab intestat ; ces derniers ont seulement la détention de fait ; ils sont dépositaires de la chose d'autrui , dont ils ont à faire la restitution et non pas la délivrance. Le substitué ne reçoit aucun droit du grevé , tous ceux qu'il a lui viennent du disposant ; il n'a à demander au représentant du grevé que la remise de fait, car , dès la mort de celui-ci , l'appelé a le droit de propriété , le droit de possession et le droit aux fruits.

Cette observation importante, tant que les lois sur les majorats et celle de 1826 étaient en vigueur, n'a plus aucune portée actuellement, puisque, dans le seul cas où la substitution est désormais possible , les appelés sont nécessairement les représentants du grevé.

La substitution étant ouverte , les appelés sont autorisés à faire prononcer la résolution de tous les droits concédés par le grevé. Mais ils ont cette faculté pourvu qu'ils ne se portent pas héritiers purs et simples du grevé ; car, dans cette hypothèse, ils seront tenus de réparer les évictions qu'ils auraient obtenues en qualité d'appelés.

Si les appelés renonçaient à la succession du grevé, ou l'acceptaient bénéficiairement, il est un droit qu'ils ne pourraient faire tomber. Si les biens libres du mari étaient insuffisants, l'hypothèque légale de la femme accorderait à cette dernière un recours sur les biens grevés de substitution. La loi, cependant, n'a pas voulu que ce droit fût invoqué trop fréquemment ; aussi ne peut-il être exercé que pour le capital des deniers dotaux et lorsque le disposant a formellement autorisé ce recours.

POSITIONS.

DROIT ROMAIN.

On pouvait affranchir un esclave en fraude de ses créanciers si on l'instituait héritier.

Il y avait réellement diminution de capacité lorsqu'un citoyen devenait *paterfamilias*.

Dans l'ancien droit romain, il y avait des cas où la bonne foi n'était pas exigée pour l'usucapion ; ainsi dans ce qu'on appelait l'usucapion *pro hærede*.

Le constructeur de bonne foi, qui n'est plus en possession à l'époque où le propriétaire du sol revendique son droit, pouvait reprendre la possession en employant l'interdit *uti possidetis*.

DROIT FRANÇAIS.

Les prescriptions légales établies par les articles 721 et 722 pour les comourants ne sont pas applicables aux successions testamentaires.

Les présomptions légales établies par les mêmes articles ne s'appliquent pas au cas où les comourants sont morts le même jour.

Le bien que le donataire a laissé en nature dans sa succession, mais dont il a disposé par testament au profit d'un tiers, ne fait pas retour à l'ascendant donateur.

L'ascendant donateur n'a pas droit aux choses par lui données, dans le cas où, après être sorties du patrimoine du donataire, elles y sont rentrées par suite d'une acquisition nouvelle.

DROIT PÉNAL.

L'escalade, l'effraction ne constituent pas à elles seules une tentative de vol, elles ne sont que des actes préparatoires.

La tentative d'avortement qui n'est pas suivie de réussite ne doit pas être assimilée au crime lui-même.

DROIT ADMINISTRATIF.

En matière contentieuse administrative, les ministres sont les juges ordinaires et de droit commun.

En matière de travaux publics, l'appréciation des dommages permanents, aussi bien que des dommages temporaires, appartient au Conseil de Préfecture.

Vu et approuvé par nous Professeur-Doyen.

BOUTEUIL.

Vu et permis d'imprimer.

Le Recteur de l'Académie d'Aix :

MOTTET.

Nîm. — Typographie BALLIVET, place du Marché, 12.

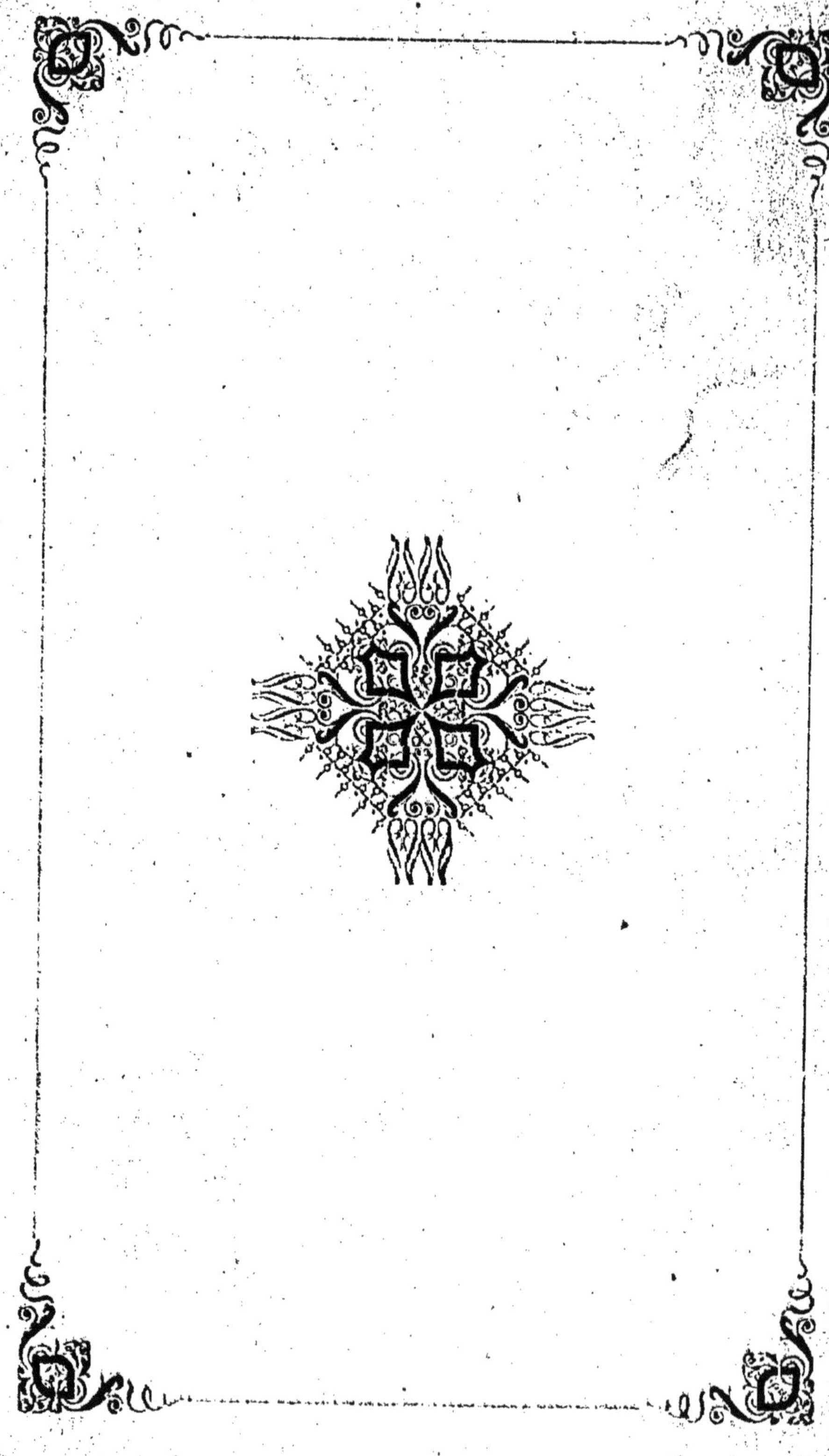

www.ingramcontent.com/pod-product-compliance
Ingram Content Group UK Ltd.
Pitfield, Milton Keynes, MK11 3LW, UK
UKHW022127070726
13613UKWH00003B/1278